AF347085

PAUL APPELL

MEMBRE DE L'INSTITUT

SOUVENIRS
D'UN ALSACIEN

1858-1922

PAYOT, PARIS

106, BOULEVARD SAINT-GERMAIN

1923

Tous droits réservés.

SOUVENIRS

D'UN ALSACIEN

EN MÉMOIRE
DE CEUX QUI NE SONT PLUS

PRÉFACE

Nous avons tous l'impression que l'époque, pendant laquelle nous avons vécu, a été plus troublée que les précédentes, qui nous sont connues seulement par la tranquille lecture des livres. Quoi qu'il en soit, j'ai vu l'Alsace avant 1870, je l'ai vue pendant la guerre de 1870-1871, je l'ai vue sous l'oppression allemande qui a frappé durement ma famille; je l'ai revue enfin, libérée par la victoire du Droit, revenue à la France qu'elle aimait et dont la violence seule avait pu l'arracher

Ceux qui ont écrit sur l'Alsace après 1870, l'ont fait souvent dans un sentiment patriotique qui était bien naturel, mais qui les portait peut-être à ne voir qu'un côté des choses. Qu'on me permette de rappeler ici mes souvenirs, avec le seul souci de la vérité; ils diront ce que fut l'Alsace aux diverses périodes que j'ai citées, dans les divers milieux et surtout dans ceux du travail.

CHAPITRE PREMIER

AVANT LE COLLÈGE

Quand je remonte dans mes plus vieux souvenirs de Strasbourg, vers 1858, je revois la place Saint-Etienne, la grande maison du Ritterhus (anciennement maison des Chevaliers) avec son immense cour, à l'entrée de laquelle a été construit un débit de bière pendant l'occupation allemande ; au fond de la cour était le petit magasin de teinturerie où ma mère et sa sœur passaient tout le jour ; dans un autre coin était l'atelier ; je vois encore les ouvriers, dirigés par mon père et par mes deux frères, traversant la cour pour

chercher de l'eau ou allant, par la rue
de la Croix, rincer dans l'Ill les étoffes
sorties des chaudières. Je revois « l'ap-
prêteuse » qu'aidaient souvent ma mère
et ma tante, tendant le soir les pièces à
sécher sur d'immenses cadres de toile.
La grande maison était pleine d'enfants.
Pendant que les parents travaillaient, les
enfants jouaient dans la cour, ou dans
les immenses greniers strasbourgeois, qui
ont plusieurs étages et qui sont aussi
hauts que le reste de la maison.

Mon père ne s'occupait pas de moi, en
apparence ; il était âgé et comme fatigué
de la vie. Ma mère était mon centre :
elle était moi-même, si je puis dire. Mes
premiers mots avec elle furent dits dans
le doux parler de Strasbourg, dans ce
bas-allemand qui est la langue courante

de l'Alsace et que parlaient même nos voisins d'outre-Rhin. Plus tard seulement, j'appris qu'il existait un autre allemand, le *haut-allemand,* orgueilleux et dur, que nous détestions de tout cœur, et qui est devenu l'allemand officiel depuis que Luther l'a employé pour sa traduction de la Bible. La politique française aurait dû être de développer le bas-allemand, qui a sa littérature et son théâtre, et de l'opposer au haut-allemand : elle ne s'en est pas souciée, ni sous la monarchie légitime, ni sous la Révolution, ni sous les deux Empires, ni après 1918. Là, comme ailleurs, elle a laissé le champ libre, trop libre peut-être.

Une autre figure, douce entre toutes, m'apparaît et me sourit : c'est une sœur de ma mère. Elle était petite et bossue ;

tous l'appelaient « la petite tante ». Elle
me prodiguait sa tendresse, et s'occupait
plus spécialement de moi, pendant que
ma mère était prise par son travail ou par
les soins de la maison. Elle restait le soir
près de mon petit lit et me chantait pour
m'endormir des chansons toujours mélan-
coliques ; une surtout, composée d'après
la jeune poitrinaire d'André Chénier, dont
je n'ai compris qu'après bien des années
la poignante adaptation. Avec elle, je parlais surtout alsacien, mais avec mes deux
frères et ma sœur, je parlais un français
qui se mélangeait de mots alsaciens quand
ceux-ci rendaient mieux notre idée. Le
plus jeune de mes frères, Charles, avait
treize ans de plus que moi ; je l'aimais et
l'admirais infiniment ; j'appris, bien plus
tard, que cette différence d'âge venait de

ce fait que mon père s'était marié deux fois et que j'étais le seul enfant de ma mère.

Le premier étage du Ritterhus était occupé par le Café Saint-Etienne, tenu par un brave petit homme d'origine rhénane, le père Strœbel. C'était le café des officiers pontonniers et artilleurs dont j'admirais profondément les beaux uniformes. De brillantes fêtes y étaient données de temps en temps ; je me rappelle, parmi les plus brillantes, celles qui eurent lieu à l'occasion de nos victoires en Italie et de nos succès dans la guerre de Chine.

Le petit Jules Strœbel était mon meilleur ami ; il était presque comme un frère du même âge. Nous étions les rois de la maison et je vois encore l'admiration du père Strœbel, un jour où nous avions eu

l'idée infernale de faire rouler ses tonne-
lets à bière dans l'escalier de la cave, pour
faire beaucoup de bruit.

Le dimanche, mon père et ma mère
m'emmenaient promener, soit sur les
remparts, entre la porte des Juifs et la
caserne de la Finckmatt où le prince
Louis Napoléon avait tenté un coup
d'état, soit au Contades et au jardin Lips
où se trouvait, au fond d'une fosse, un
ours, auquel les bourgeois facétieux donnaient de la bière et du café au lait. Quelquefois nous allions à Kehl, dans le grand
duché de Bade, en traversant le Rhin
sur un pont de bateaux au milieu duquel
était une raie séparant l'Allemagne de
la France. Mais le grand événement pour
moi était le dimanche passé au Klingenthal, chez la mère de ma mère. Mon

père louait, pour toute la journée, une voiture à un cheval, qu'on appelait une citadine : le loueur, Sureau, demeurait à côté de chez nous, dans une vieille petite rue, la rue de l'Arc-en-ciel; la voiture coûtait sept francs; elle était conduite par le fils Sureau. Nous mettions trois heures pour aller de Strasbourg dans la montagne, où nous trouvions la grand'mère et la tante Reine, une autre sœur de ma mère. Le soir, il fallait repartir immédiatement après le souper. Mon père nous pressait : il avait peur d'arriver après la fermeture des portes de la ville. Cette éventualité, terrible à mes yeux, frappait beaucoup mon imagination d'enfant ; elle ne s'est jamais réalisée. Je ne puis me rappeler ma première visite au Klingenthal. A cette époque reculée, la maison de ma grand'mère se confond dans mon esprit avec le Ritterhus de Strasbourg.

Je conserve, comme un doux et charmant souvenir, la mémoire d'une trinité d'affection et de douceur : la grand'mère, ma mère et la petite tante. Quelquefois mes parents me laissaient à la grand'-mère. J'aimais beaucoup la maison, le torrent et le village ; mais les grandes forêts sombres, les fourmis qui traversaient les sentiers en rangs serrés, me faisaient peur ; et le soir j'avais de la peine à m'endormir, en entendant le bruit redoutable que faisait dans la Stub (chambre où se tiennent les familles alsaciennes) le tic-tac de la vieille horloge. Je me sentais plus chez moi à Strasbourg, dans notre maison aux longs corridors, aux vastes escaliers, dans ses immenses greniers et dans sa grande cour.

Mais cette vie joyeuse et libre devait prendre fin ; les puissances supérieures décidèrent qu'il fallait que j'apprenne à lire et à écrire. Je fus envoyé à l'école des sœurs de la Providence, rue du Sanglier. Nous étions là une quarantaine d'enfants, garçons et filles, confiés à une malheureuse religieuse. C'était un tapage infernal. La sœur ne savait qu'imaginer pour nous faire tenir tranquilles pendant quelques minutes : elle y réussit une fois en faisant entrer par la fenêtre de la paille qu'on venait d'apporter.

Chaque jour, je pleurais quand la petite tante me conduisait à l'école : je disais que je ne voulais pas être avec des filles. La petite tante me soutint ;

on me prit au mot, et ma mère me déclara
que j'irais au collège Saint-Arbogast, avec
les seuls garçons. J'avais alors sept ans.
J'entrai en neuvième au collège; une vie
nouvelle commençait pour moi.

CHAPITRE II

LE COLLÈGE SAINT-ARBOGAST

Le directeur du collège Saint-Arbogast, l'abbé Uhrin, était un homme d'une grande intelligence et d'une haute valeur morale. C'était un vrai pédagogue : il faisait lui-même la classe aux tout petits de neuvième.

Un bon maître doit aimer les enfants ; c'est là une qualité essentielle que n'ont pas toujours nos agrégés, formés par des études et des concours où la connaissance seule joue un rôle, mais où les qualités de volonté, d'élévation morale, d'amour de l'enseignement, sont supposées acquises *a priori*. Le problème est évidemment difficile à résoudre ; mais il se pose. Il est dit dans l'Evangile qu'on juge un arbre d'après ses fruits ; on doit juger un maître d'après les résultats de son enseignement et ne pas le choisir seulement pour ses connaissances et sa manière de les présenter à l'examen.

Le collège était épiscopal. Le chef suprême qui nommait le directeur et les professeurs était l'évêque André Raess, « Monseigneur », comme nous l'appelions, avec un respect nuancé de terreur.

L'abbé Uhrin nous enseignait les éléments du français et du latin, l'orthographe, la grammaire, la géographie. Nous apprenions les départements français, les chefs-lieux, les sous-préfectures ; nous étions fiers quand arrivait le Bas-

Rhin chef-lieu Strasbourg, sous-préfectures : Sélestat, Saverne et Wissembourg. Je fus étonné et impressionné par la science de plusieurs de mes camarades qui, le dos tourné à la carte, récitaient les départements entourant un département donné.

Sans avoir l'ambition de les égaler, je cherchais, obscurément, à concilier le grand amour que j'avais pour la liberté avec le respect de l'autorité. L'abbé Uhrin n'avait qu'un tort à mes yeux : il était très sévère pour tout ce qui touchait à la religion. Tous les trois mois, il nous obligeait à nous confesser. Il nous faisait mettre à genoux dans une sorte de parloir, pour préparer nos confessions qu'il entendait successivement. Un jour que j'étais à genoux au parloir en attendant mon tour, je partis tranquillement et je rentrai à la maison. Ma mère me gronda; mon père parut s'amuser de l'histoire et le directeur ne me retint plus,

Mon frère Charles avait été, lui aussi, au même collège. Il me parlait de son directeur, de ses professeurs et de ses camarades, notamment des deux frères de Bancalis ses amis intimes qu'on avait surnommés le *Gros* et le *Mince,* surnoms qu'ils devaient conserver dans la vie et que leur donnaient même des gens du peuple, qui ne savaient pas un mot de français; et cela, bien que le *gros* fût devenu *mince* et inversement. Ce changement me troublait beaucoup; mais il me fit comprendre que les mots ont un sens actuel, indépendant de leur origine.

Vinrent les vacances. C'étaient deux

mois passés au Klingenthal avec la grand'-
mère et la tante Reine, dans le voisinage
des Gast, mes compagnons de jeux. De
temps en temps, le dimanche, mes parents
venaient de Strasbourg. La tante Reine
me conduisait à leur rencontre ; nous at-
tendions à l'entrée du village ; quand la
voiture nous avait rejoints, elle s'arrêtait ;
mon père en descendait ; ma mère me
faisait monter ; elle m'embrassait et je
me blottissais contre elle avec un anéantissement de bonheur et de sécurité, dont
le souvenir m'émeut encore aujourd'hui.

Après les belles vacances, après les
vendanges des tout derniers jours de
septembre, il fallut revenir au collège en
huitième, avec un nouveau professeur,
l'abbé Heiligenstein, maître doux et pa-
tient, qui savait nous faire travailler.

Jules Strœbel était venu me rejoindre au collège et j'eus bientôt un autre ami, Joseph Butterlin, dont j'admirais l'intelligence et la volonté. Nous nous exercions, lui et moi, à imiter les Spartiates, tels que nous nous les représentions, en méprisant la douleur et en réprimant toute curiosité ; nous nous battions entre nous, sans nous plaindre des coups reçus, et, comme nous étions parfaitement convaincus de l'excellence de notre doctrine, nous suivions la pente naturelle à l'homme qui est d'essayer d'imposer aux autres ce qu'il croit bon. Nous voulûmes inculquer nos idées à notre camarade Gressot, fils d'un commandant d'artillerie, et pour le convaincre nous n'hésitâmes pas à le battre avec nos sacs bourrés de livres. Cet exploit nous valut d'amicales remontrances du bon monsieur Heiligenstein.

Le temps passait. La septième, la sixième, la cinquième s'écoulèrent. Le latin, les sciences, le français, l'histoire, la géographie se mêlaient. Je me rapprochais de plus en plus de Butterlin ; nous causions longuement et sagement. Il me communiquait ses idées philosophiques et notamment ses doutes sur les vérités fondamentales du catholicisme telles que nous les enseignaient nos maîtres. C'est lui qui m'expliqua que j'avais tort de me réjouir de la défaite des Autrichiens par les Prussiens.. « Les Prussiens, me disait-il, sont un grand danger pour la France. » Dans nos études, nous nous intéressions surtout à l'histoire ancienne. Nous y cherchions le modèle de nos actions et les héros de l'Antiquité latine ou grecque nous semblaient plus forts, plus virils et plus libres que les héros chrétiens.

En cinquième, nous eûmes un professeur redoutable : l'abbé Erhardt, brave homme au fond, mais imprégné des idées allemandes sur le respect et la discipline. Quand, en classe, un élève causait avec son voisin, le professeur lui lançait à la tête son trousseau de clefs, et, quand un de nous ne savait pas sa leçon ou avait négligé un devoir, il le faisait venir devant sa chaire et lui administrait des gifles ou des coups de règle. Nous étions, néanmoins, obligés de reconnaître que le professeur était juste, et qu'il réservait ses violences aux seuls mauvais élèves.

Il arriva alors que le collège Saint-Arbogast fut obligé de déménager. L'évêque avait besoin de son local place Saint-

Etienne pour l'agrandissement du petit séminaire. Nous fûmes installés au fond d'une ruelle appelée rue des Echasses donnant dans la rue du Dôme.

En quatrième, nous étions quatre élèves : Butterlin, fils d'un interprète au tribunal, Sprauel, dont le père tenait la brasserie du Poële des Pêcheurs, Jules Stroebel, du café Saint-Etienne, et moi. Notre professeur était l'abbé Kapp. Il savait nous intéresser et causait avec nous, comme l'aurait fait un camarade plus âgé et plus expérimenté. Il nous enseignait tout, sauf les sciences. Nous commencions le grec, et la petite tante eut la persévérance d'apprendre les éléments du grec, pour me faire réciter mes leçons, avant la classe. Pour les mathématiques, le collège s'était adressé

à un spécialiste laïque, M. Schaeffer,
brave homme, très ennuyeux. Ce professeur persistait à nous enseigner la
théorie de la division, à laquelle nous ne
voulions rien comprendre, parce que,
disions-nous, nous savions faire une division mieux que lui. La théorie des opé-
rations est en effet difficile ; elle doit
s'enseigner beaucoup plus tard, par
exemple à de futurs professeurs, comme
le faisait Lagrange, dans la première
école normale supérieure. Pour des enfants de douze ans, la pratique doit
suffire. Nous avions trouvé le point faible
de M. Schaeffer : il se passionnait pour
la conservation des oiseaux ; il nous expliquait comment chaque oiseau, passereau,
mésange, hirondelle..., détruisait par jour
des milliers d'insectes nuisibles à l'agricul-

ture. Cela nous était profondément indifférent, mais nous préférions ces innocentes dissertations à la redoutable arithmétique. Aussi, par d'insidieuses questions, le poussions-nous sur son sujet favori, et il nous répondait pendant des classes entières.

La quatrième était la plus haute classe du collège. Il y avait cependant des grands au-dessus de nous. C'étaient des internes que l'on conduisait au lycée en troisième, en seconde et en rhétorique. Il est des familles qui apprécient l'enseignement de l'Etat et non l'éducation de l'Etat. Ces familles n'avaient pas tort en 1867. Elles avaient tort, cependant, de recourir à l'internat qui s'oppose, par nature, à la liberté et à l'initiative, en privant les enfants des leçons données par la vie de famille et par la vie extérieure.

Parmi ces grands élèves, se trouvait Zorn de Bulach, dont le père était chambellan de Napoléon III et qui, après 1870, ayant renié la France est devenu un important personnage dans l'Alsace germanisée.

CHAPITRE III

J'étais bien fier quand mon père m'emmenait me promener avec lui, ce qui était fort rare. Il me parlait toujours alsacien. Il me racontait la tournée qu'il avait faite comme « compagnon teinturier » dans les Pays-Bas. Il me disait qu'il avait dû faire ce qu'on appelait « un chef-d'œuvre » pour devenir « maître teinturier ». Ce « chef-d'œuvre » consistait en des écheveaux de soie teints de différentes couleurs artistiquement nuancées, que ma mère m'a montrés plus d'une fois. Mon père travaillait tout le jour. Le soir, après souper, il allait retrouver ses amis à la Brasserie de la Ville de Paris, rue de la Cour-des-Frères, et rentrait régulièrement quand sonnait à la cathédrale la magnifique cloche de dix heures, qui donnait alors le signal de la retraite aux bourgeois de la ville: Dans nos promenades, mon père me parlait de la France, de la Grande Révolution, de la Liberté, de Napoléon Ier « ce soldat de la Révolution qui avait fait fuir tous les rois ». La veille du 15 août, il me menait voir les préparatifs de la fête de l'empereur à la caserne des Pontonniers : puis il sortait le drapeau bleu-blanc-rouge, avec un sentiment de religieuse vénération. Il me mena un jour sur le Broglie, en me disant : « Petit, tu vas voir quelque chose dont tu te souviendras toujours. »

La vieille place et la rue de la Nuée-Bleue
étaient remplies de curieux. Tout d'un
coup un bruit courut. « Ils arrivent. »
Mon père me prit sur ses épaules et je vis
passer des voitures, avec des hommes en
uniformes blancs qu'on conduisait à la
Fonderie (aujourd'hui casino des officiers). « Ce sont, dit mon père avec fierté,
les prisonniers autrichiens, que les Français ont faits en Italie et qu'ils rendent à
nos ennemis à Kehl. » Mon père se
moquait volontiers des Allemands, de
leurs casques à pointe, de la forteresse
ridicule de Kehl que notre citadelle « détruirait en un clin d'œil ». Il croyait à
l'invincibilité de la France ; avec le naïf
orgueil alsacien, il pensait, comme beaucoup de nos compatriotes, que les Alsaciens sont supérieurs aux Allemands, aux

gens de l'autre côté du Rhin, aux Schwowe (aux souabes) ; il avait aussi l'idée que leur culture moyenne est plus solide que celle des Français non Alsaciens, appelés en Alsace des Welches parce qu'ils ne savent pas prononcer le ch et dire *Welch*, comme il convient.

Mon père me parlait également de mon avenir, me faisant valoir la beauté du travail libre et me recommandant de ne jamais être fonctionnaire, parce que, disait-il, un fonctionnaire n'a pas sa liberté. En écrivant ces lignes, j'ai le remords d'être fonctionnaire ; mais mon père avait en vue les employés qu'il voyait autour de lui à la douane, aux tabacs, à la préfecture... Je pense qu'un homme sorti d'une grande école, présenté par des conseils pour les fonctions de profes-

seur ou de doyen, n'est pas, à proprement
parler, fonctionnaire. Un recteur l'est
davantage ; il est même tout à fait fonctionnaire, dans l'organisation napoléo-
nienne que la France a conservée. Maintenant que notre pays a des universités,
chacune d'elles devrait avoir à sa tête un
recteur élu par l'ensemble des maîtres,
un autre homme, nommé directement
par le ministre, étant, dans chaque académie, chargé de l'enseignement secondaire et de l'enseignement primaire. Tout
cela viendra, par la force des choses,
mais il vaudrait mieux faire aujourd'hui
ce qui est inévitable.

La santé de mon père était mauvaise :
il souffrait d'une vieille blessure au pied,
reçue dans une insurrection corse, à
l'époque où il servait dans l'armée fran-

caise, sous Charles X ; cette blessure avait été mal soignée dans les hôpitaux militaires de l'époque qui, loin de Paris, manquaient de l'indispensable.

En 1866, nous dûmes déménager : le Ritterhus avait changé de propriétaire. Ce fut un coup terrible pour mon père, de quitter l'atelier et le magasin qu'il avait créés. Il acheta une maison, 17 rue des Tonneliers ; il fit faire un atelier dans la petite cour, un séchoir attenant et un magasin sur la rue. Nous habitions le deuxième ; la gaie place Saint-Etienne était remplacée par une rue étroite et sombre.

Mon père mourut en 1867, emportant dans la tombe l'idée que la France était invincible, que Strasbourg était imprenable et qu'en cas de guerre la grand'-

mère et la tante Reine devaient quitter le Klingenthal, pour venir se mettre à l'abri derrière les fortifications de la ville.

Mon frère Charles ne s'entendait pas avec mon père ; il avait une nature impérieuse qui se heurtait à une nature impérieuse. Aussi, tout à coup, à dix-sept ans, il fit un coup de tête. Sans autorisation et sans papiers, il s'engagea, ce qu'il put faire en choisissant la légion étrangère. Plus tard, questionné par un voisin qui lui demandait pourquoi il avait fait cela : « Parce que papa ne voulait pas m'obéir », répondit-il. Il fut envoyé à Constantine où était ma sœur, mariée au chef de musique des chasseurs d'Afrique, F. Bisch, de Boersch, notre commune des Vosges. Les aventures de la conquête, la dure vie de la légion convenaient au tempérament de Charles. Comme il avait quelque argent, il faisait, dans les marches, porter son fusil et son sac par un troupier, d'origine badoise, qu'il appelait en riant « le capitaine Platz », et dont la figure amusante est restée dans mon souvenir. En effet, plus tard, quand mon frère fut revenu et que Platz eut fini son service, on voyait chaque printemps, avec les hirondelles, revenir « le capitaine Platz », ayant fait *à pied,* en travaillant dans les fermes, le chemin de la Méditerranée à Strasbourg; il déclarait qu'il lui était impossible de passer l'hiver dans les tristes pays du nord. Mon frère lui offrait un bon déjeuner, l'habillait des pieds à la tête, et le brave homme repartait pour un an.

Mon frère tomba malade de la dysente-

rie en Algérie et fut réformé. Il revint auprès de nous et se remit vite, comme on le
fait à ce bel âge de 19 ans. Mon admiration pour lui s'accroissait de tous les
exploits que lui attribuait ma jeune imagination. Il s'était remis à travailler à
l'atelier ; mais sa vie était surtout au
Klingenthal et à la chasse. Il devenait le
type du chasseur ; il connaissait, mieux
que personne, les divers gibiers aux
diverses saisons, le dressage des chiens,
l'organisation des battues. Ses prouesses
m'enthousiasmaient. J'étais honoré de
nettoyer son fusil, et de promener ses
chiens. Il m'apprenait à tirer ; il m'emmenait à la chasse et mon ami Butterlin
disait en riant : « C'est l'éducation
d'Achille. » Pendant la semaine on
voyait Charles, en bourgeron bleu et en

sabots, aller de l'atelier à la rivière. Le dimanche, il partait pour le Klingenthal où la grand'mère l'accueillait avec une tendresse toute particulière. Il y retrouvait ses compagnons de chasse habituels ; à eux se joignaient, pendant les vacances, les de Dartein, trois frères de bonne race alsacienne : l'aîné, ingénieur des ponts et professeur à l'Ecole polytechnique, le second officier d'artillerie, et le troisième officier d'infanterie. Grands chasseurs et bons catholiques, ils ne partaient jamais un dimanche pour la chasse sans avoir entendu la messe ; pendant le service, ils mettaient leurs fusils contre le bénitier, à l'entrée de l'église.

A sa majorité, Charles tira au sort. Je me vois encore, sur le Broglie avec Butterlin, quand Charles parut au haut du grand escalier de l'Hôtel de Ville ; sa physionomie nous indiqua tout de suite qu'il avait un bon numéro. C'était grave alors d'avoir un mauvais numéro ; on faisait sept ans de service dans l'armée. Il est vrai qu'on pouvait s'acheter un remplaçant : on trouvait des hommes qui, pour mille francs, faisaient sept ans ; en cas de guerre, ils allaient se faire casser la tête, à la place de gens qui savaient parler du patriotisme beaucoup mieux qu'ils n'auraient pu le faire eux-mêmes.

Nous nous consolions comme nous pouvions, mon frère et moi, de ne plus être dans le grand Ritterhus, quand nous fûmes condamnés à habiter loin de la place Saint-Etienne. Mon père avait fait faire, pour remplacer la cour, une ter-rasse à côté du toit de notre maison rue des Tonneliers. Cette terrasse devint notre quartier général; en revenant de classe, j'y montais avec un livre. C'est là que je lus Jules Verne, que mon frère me fit connaître Erckmann-Chatrian. Quelquefois nous montions sur le toit et nous nous mettions à cheval sur le faîte : nous voyions l'océan des grands toits de la vieille ville, la belle façade de la cathédrale toute rose dans la lumière du soleil couchant, avec les oiseaux qui volaient alentour. Le soir après souper, je remontais; la nuit venait, les dernières hirondelles criaient dans le ciel ; une cigogne sur une cheminée voisine, claquait du bec avec un bruit de crécelle.

CHAPITRE IV

Il est dans les Vosges, sur la route
d'Obernai au mont Sainte-Odile, un
hameau nommé Klingenthal, parce qu'on
y fabrique des lames (klingen) d'épées,
de sabres et de fleurets. Le Klingenthal
est, avec Strasbourg, le sanctuaire de mes
souvenirs. C'est là que je passais des vacances délicieuses à côté du torrent et des
belles forêts, au milieu des montagnes
couvertes de pins, de sapins et de hêtres,
couronnées de ruines et de rochers.

La monarchie française, avant 1730,
irait principalement ses armes blanches

de la manufacture de Solingen (aujour-
d'hui en Prusse Rhénane). Quand l'Alsace devint française, sous Louis XIV,
le roi décida qu'une manufacture
d'armes blanches serait établie dans le
pays, près de la nouvelle frontière, afin
que les armes fussent à portée des
troupes en cas de besoin. On trouva,
entre le mont Sainte-Odile et le Heidenkopf, une vallée sauvage et solitaire que
longeait un torrent, l'Ehn, pouvant four-
nir la force motrice. Louis XV y fit
construire une fabrique, comprenant de
gros marteaux mécaniques appelés
« martinets » pour forger les lames, des
aiguiseries pour les polir, des ateliers individuels destinés au travail des maîtres
forgerons. On fit venir des ouvriers de
Solingen, pour faire l'apprentissage des

ouvriers du pays. On donna, comme patron au village, Saint-Louis roi de France ; et la fabrique marcha. Les temps fabuleux, où la discipline militaire était imposée à tous, où des officiers étaient logés au Klingenthal pour surveiller le travail, sont devenus légendaires. Cette époque lointaine a été comme l'âge d'or du hameau. La fabrique continua, dans les mêmes conditions, sous Louis XVI, sous la Révolution. sous l'Empire et sous la Restauration. Mais, comme en 1813 et en 1815, les Alliés avaient occupé et utilisé une fabrique aussi rapprochée du Rhin, le gouvernement de Louis-Philippe décida de transférer à Châtellerault la manufacture d'Etat et de vendre le Klingenthal à l'industrie privée. La société de grosse quincaillerie, établie à

Molsheim sous la raison sociale Couleaux et Cie, en devint acquéreur. Les acheteurs firent une excellente affaire, comme il arrive toutes les fois que l'Etat réalise une opération.

Vers la fin du XVIIIe siècle, le Klingenthal occupait environ deux cents ouvriers. A cette époque on construisit, sur la route du Sainte-Odile, une maison spéciale pour servir de logement à l'officier inspecteur et aux deux capitaines de service, maison qui devint dans la suite la propriété de la famille Gast.

Avant 1870, la fabrique avait constamment des commandes d'armes et de cuirasses pour l'Etat; on y travaillait aussi pour l'industrie privée, en fabriquant des fleurets et des faux. Nous montrions avec orgueil la fabrique aux visiteurs : nous les menions dans les martinets où je connaissais tous les ouvriers et où l'on voyait le Hammermeister (maître du marteau) promener, avec adresse, sous les coups du lourd instrument une lame rougie au feu, qu'il s'agissait d'amincir. Nous les menions aux aiguiseries, où des étincelles froides et mouillées jaillissaient des meules de grès en rotation rapide, et surtout nous les conduisions chez le directeur qui leur montrait la belle collection d'armes fabriquées depuis la fondation du Klingenthal. Beaucoup de ces armes sont encore employées dans l'armée française et, quand mon fils est entré à l'École navale, le premier sabre qu'il a reçu avait une lame fabriquée chez nous. De temps en temps, on entendait des coups de feu que les

contrôleurs de l'armée faisaient tirer sur
les cuirasses, avant de les accepter.

Il y avait, au Klingenthal, dans mon
jeune temps, environ quatre cents habitants, autant de catholiques que de protestants ; une église catholique et une
église protestante ; une école catholique
et une école protestante, donnant chacune
un enseignement mixte. Les deux reli-
gions vivaient en excellent accord ; ma
mère me racontait que, vers 1835, le
curé et le pasteur, les deux hommes les
plus instruits du village, se voyaient
amicalement. Aux enterrements le cer-
cueil était toujours porté par trois catholiques et trois protestants, usage qui subsiste encore ; les mariages mixtes étaient
fréquents, les garçons suivant la religion
du père et les filles celle de la mère.

Nous n'avions pas de juifs habitant le village.

Ma grand'mère avait été opérée de la cataracte ; l'opération, manquée sur un œil, avait réussi sur l'autre ; elle ne pouvait lire que les très gros caractères ; à cet effet on lui avait procuré un gros volume de la vie des saints. Elle lisait chaque jour environ une demi-heure ; le reste du temps, je la vois dans la Stub, filant avec activité, assise dans un large fauteuil à dossier bas, placé derrière un poêle en fonte qu'on chauffait par la cuisine. Le rouet marchait sous mes yeux d'enfant. La grand'mère me questionnait en alsacien sur mes études, et principalement, quand je fus plus grand, sur les planètes, sur les étoiles, sur l'immensité de l'univers.

La tante Reine travaillait dans la cuisine, le vieux chat flânait en s'étirant, un silence profond, un silence religieux nous entourait. On entendait le bruit rythmé du martinet, l'eau coulant dans l'Ehn et les poules gloussant sur le fumier. Quelquefois, je descendais pour aller jouer, dans la cour ou dans le lit du torrent, avec les garçons du village; quelquefois aussi mes camarades m'emmenaient chez eux, souper avec des pommes de terre en robe de chambre et du lait caillé. Il me semble maintenant que ce devait être très bon. A ce moment, je préférais de beaucoup notre bonne soupe et notre repas préparé chez nous. Le soir, je m'endormais au bruit de la vieille horloge qui, dans le silence de la campagne, matérialise le temps. A l'aube, le coq chantait,

les cliquetis des forgerons voisins reten-
tissaient.

. Tous les quinze jours, la tante faisait
le pain. C'était du pain bis, excellent
tant qu'il restait frais, mais dont nous
mangions de moins en moins à mesure
qu'il devenait sec et dur. Nous avions
notre four et, quand le pain en était
sorti, la tante utilisait le reste de la chaleur pour cuire d'immenses tartes aux
fruits, qu'on appelle en Alsace *Flamen-
Kuche* et qu'on faisait, à la même occasion, dans les ménages les plus pauvres.
En automne on faisait la lessive : la tante
prenait des laveuses qui, à midi, dînaient
avec nous. Chaque année, on leur servait
un plat alsacien, aujourd'hui disparu :
Schnitz und Knoepfle (quartiers de
poires et de pommes séchés au soleil,

puis cuits à l'eau avec des boulettes de pâte). La maison était en révolution : ma mère envoyait son linge de Strasbourg, et il y en avait beaucoup, parce que, mon père, comme la plupart des Alsaciens, mettait son luxe dans le beau linge. A cette époque reculée, on tissait la toile au Klingenthal ; le fil fabriqué par la grand'mère était porté au vieux tisserand qui, sur son métier très primitif, le transformait en une longue toile grise qu'il fallait ensuite blanchir : pour cela, on étendait la bande de toile sur l'herbe au soleil et on l'arrosait tous les jours. Une fois blanchie, on la coupait, on en faisait de belles nappes, des serviettes, des draps de lit. Tout cela a disparu maintenant. Les grandes fabriques, les grands magasins vendent le linge tout préparé, les boulangers vendent du pain dans les villages les plus reculés, la lessive ne se fait plus guère dans les ménages.

Il est banal et facile de regretter les travaux qu'il fallait faire autrefois, avant que la Terre ait été conduite, par le machinisme, dans une voie de transformation qui finira par libérer l'homme, en lui permettant de concevoir et de réaliser une Humanité plus belle et plus avertie.

Le dimanche, c'étaient la grand'messe à neuf heures et les vêpres à une heure. La grand'mère suivait la messe de son fauteuil ; la tante et moi arrivions à l'église quand la troisième sonnerie des cloches prenait fin. Le vieux curé disait l'Evangile et les cloches sonnaient de nouveau. Puis venait un long sermon en alsacien, à prétentions littéraires. Le curé savait à peine le français; beaucoup de paroissiens étaient comme lui. Puis la messe reprenait; les cloches sonnaient au moment de l'Élévation, du dernier Évangile. Elles sonnaient pour que les malades, les gens âgés ou infirmes condamnés à la chambre, puissent suivre de loin l'office.

En 1868, les enfants apprenaient le français à l'école ; il y avait, à l'école catholique, un maître qui le savait assez bien : il l'enseignait aux enfants avec l'accent que l'on devine : mais au moins il l'enseignait. Autrefois. les gens du Klingenthal, qui voulaient apprendre le français, étaient obligés de s'expatrier; ma mère l'avait appris, par une méthode d'échange employée dans plusieurs familles : quand elle était enfant, ses

parents l'avaient placée dans une famille
de Saulxures, dans les Vosges welches,
pendant qu'un petit garçon de cette
même famille venait la remplacer, pour
apprendre l'allemand. Les Français, sous
le rapport de la langue, avaient laissé à
l'Alsace une telle liberté que, vers 1830,
le vieux maître d'école catholique ne
savait pas le français et qu'un jour le
bruit se répandit, qu'il allait venir un
jeune maître d'école *très savant* qui connaissait *même le français*. C'est par ce
respect de la liberté que les Français
s'étaient fait aimer ; les Allemands, après
1871, crurent bon d'employer une méthode différente, que les Alsaciens ont
repoussée avec mépris.

Plus encore que dans les autres villages alsaciens, le tir et les armes à feu

étaient d'un usage courant au Klingenthal. Beaucoup d'hommes étaient chasseurs. Le dimanche, on tirait à la cible ;
on tirait des coups de pistolet aux mariages
et aux baptêmes. Le jour de la saint
Louis, pendant les offices, à la messe au
moment de l'Élévation, et à la fin des
vêpres quand on entonnait le *Tantum
Ergo*, les coups éclataient dans l'allée qui
borde l'église. A la procession de la
Fête-Dieu, on faisait des reposoirs, dont
le fond était constitué par quatre sapins,
frais coupés dans la forêt. Nous avions
un reposoir dans la cour de notre maison.
Pendant la bénédiction, mon frère et
moi, soigneusement cachés, tirions des
coups de feu.

Mais le Klingenthal, c'est aussi les
Gast. La famille Gast habitait Strasbourg,

rue Brûlée, une maison donnant sur le
Broglie. Le père Gast avait épousé une
demoiselle Picquart, « la belle Madame
Gast » comme on l'appelait en ville. Il
avait acheté, au Klingenthal, l'ancienne
maison des officiers de la fabrique ; il y
passait les vacances avec ses quatre
enfants, une fille et trois fils. Je devins
ami intime des deux derniers garçons,
élèves au lycée de Strasbourg : Armand,
qui avait mon âge, et Edmond, plus jeune
de deux ans. Nous jouions ensemble dans
la forêt et dans le lit du torrent quand il
était presque à sec ; nous nous cachions
pour fumer des feuilles mortes, opération
qui m'a dégoûté de fumer pour ma vie
entière. Nous lisions les jours de pluie,
ou nous tirions à la carabine Flobert ;
nous étions plongés dans les romans

de Cooper ; nous faisions des expéditions de sauvages dans les bois, à la recherche de dangers et d'exploits imaginaires.

J'avais une passion pour les livres de Dickens que mes amis trouvaient trop longs ; nous admirions Erckmann-Chatrian, dont nous goûtions la profonde poésie, le vrai patriotisme, l'amour de la liberté.

CHAPITRE V

Après la quatrième, les classes du collège Saint-Arbogast ne continuaient plus, pour ceux qui ne devenaient pas internes. Ma mère ne songea jamais à l'internat pour moi ; elle craignait le lycée qui avait une réputation, bien usurpée, d'impiété. Elle me mit au petit séminaire, à côté de la place Saint-Étienne. Pour des Parisiens, le mot : petit séminaire, évoque l'idée de jeunes gens en soutane, se destinant tous à être prêtres. Cette image ne correspond pas à la réalité : à Strasbourg, le petit séminaire était un collège épiscopal, dont les élèves ne portaient pas la soutane ; un grand nombre cependant se destinait à la prêtrise. Ceux de cette catégorie faisaient leurs études jusqu'en philosophie, au petit séminaire, et endossaient la soutane en entrant, ensuite, au grand séminaire, à côté de la cathédrale ; mais il y avait aussi des élèves résolument laïques qui venaient là pour étudier, comme d'autres allaient au gymnase protestant sans aucune idée de devenir pasteurs.

C'est donc au petit séminaire que j'entrai en troisième. Le trajet était long de notre nouvelle maison à mon nouveau collège. Je passais quatre fois par jour place de la Cathédrale. Quelquefois, le vent y soufflait si fort que j'étais obligé de me retourner. En automne, il y avait sur

la ville des brouillards qui empêchaient
de voir la cathédrale à quelques pas.

Les parents de Jules Stroebel étaient
morts ; il fut mis en pension à Obernai
dans la famille d'un abbé, ancien professeur de Saint-Arbogast. Obernai est
une charmante petite ville du Bas-Rhin
qui a conservé ses maisons à pignons sur
rue, sa halle au blé, sa tour de garde
appelée Kappelturn avec une chapelle à
la base, son hôtel-de-ville, ses vieilles
fortifications bordées de fossés et par-
semées de tours. Il faut avoir vu ces
vieux remparts, avec quelques prêtres
lisant leur bréviaire, les montagnes toutes
bleues dans le fond, les vignes proches,
pour sentir le charme du pays alsacien et
comprendre la puissance de ses vieilles
traditions de volonté et de liberté.

C'est là que Jules devait rester jusqu'à
la guerre de 1870 ; il allait au collège
communal, célèbre par un de ses anciens
élèves, Monseigneur Freppel. Nous faisions, au petit séminaire, de bonnes
études ; on ne songeait pas à séparer les
lettres des sciences : avec le français,
l'histoire, la géographie, le grec et le
latin enseignés par le même professeur,
nous apprenions fort bien les éléments de
l'algèbre et de la géométrie.

A la rentrée suivante, en 1869, ce fut
le lycée. Ma mère, que je tourmentais,
avait cédé. J'y retrouvai Butterlin. J'entrai dans une classe de seconde-lettres,
dont le professeur était un agrégé, frais
émoulu de Normale. Il nous faisait des
leçons sur Molière, sur Racine, sur Boileau
comme je ne n'en avais jamais entendu.

Il nous obligeait à réciter le latin et le
grec, comme du français, avec les into-
nations nécessaires ; il nous apprenait à
faire des vers latins, exercice que j'aimais
passionnément. Je me classai dans les
premiers et je fis honneur au petit séminaire. Il y avait alors au lycée une
seconde-sciences. Nous qui étions en
lettres, nous considérions nos camarades
de sciences comme des brutes scientifiques et nous les supposions bien inférieurs à nous. Ils auraient eu le droit
d'appeler, certains d'entre nous, des
brutes littéraires. La vérité est qu'il ne
faut pas séparer les lettres des sciences.
Un homme cultivé doit connaître l'essentiel d'un côté comme de l'autre. Il est
impossible, dans un siècle de civilisation
scientifique, à une époque où la philo-

sophie prend pour appui la science, qu'une
éducation laisse ignorer certains principes essentiels. Mais on avait alors l'idée
que le lycée devait présenter quelque utilité pratique, comme si l'éducation ne
consistait pas dans une formation de
l'esprit et dans l'acquisition d'une bonne
méthode de travail.

Je voulais à toute force apprendre
l'anglais; il y avait au lycée un professeur d'anglais de l'espèce, heureusement
éteinte, des professeurs de langues vivantes
d'alors. Il habitait Kehl; il était plus Allemand que Français. Il ne s'occupait guère
de nous. Comme je débutais, nous avions
une classe particulière, une fois par
semaine, vers cinq heures. J'arrivais en
avance dans la salle et j'y trouvais régulièrement un professeur qui interrogeait

un élève de mathématiques spéciales, en se fâchant contre lui tout le temps ; j'appris que c'était le fameux Pruvost dont la classe avait tant de succès à Polytechnique.

Dans les lycées impériaux, tous les mouvements se faisaient au roulement du tambour. Notre *tapin* était un boursier de Schirmeck, village des Vosges. Il s'appelait Marchal ; il payait sa bourse, en faisant fonction de tambour. Nous l'estimions beaucoup, pour son caractère et pour son travail. Je devais le retrouver plus tard à l'Ecole Normale Supérieure. Notre classe était bien composée pour nous apprendre le respect des croyances, et des opinions d'autrui. La majorité était catholique, elle comprenait notamment Butterlin et Georges Picquart, qui devait plus tard jouer un rôle si retentissant, Léon Schmitt, le fils d'un boulanger du quai des Bateliers venu de l'Ecole des frères Maristes, qui fut premier à la composition de version latine de la rentrée. Il y avait des protestants, parmi lesquels Leblois, le fils aîné du grand pasteur libéral ; il y avait enfin trois juifs : Weill, presque toujours premier dans les compositions littéraires, dont la carrière ne paraît pas avoir répondu aux succès scolaires, Netter et Herrmann, qui sont l'un et l'autre devenus rabbins. Le samedi, les juifs n'écrivaient pas ; ils venaient en classe et écoutaient les bras croisés. Quand le professeur dictait un texte, ils demandaient à l'un de nous de leur en donner copie ; nous le faisions volontiers. En Alsace, on est religieux ;

le libre penseur est à peu près inconnu ;
les gens sont catholiques, protestants ou
juifs. Les juifs sont blagués pour leur
prudence et leur amour du gain ; mais
ils sont estimés à cause de leur fidélité
aux prescriptions d'une religion sévère
et aussi à cause de leur respect pour leurs
parents. La question religieuse sera in-
soluble en France, tant que l'État s'en
mêlera ; elle sera résolue lorsque le pays
adoptera les principes admis aux États-
Unis, où la religion est uniquement une
affaire de conscience personnelle et où
les gens sont d'autant plus religieux qu'ils
sont plus libres. Il y avait alors à la
Faculté des Sciences de Strasbourg deux
professeurs, Liès Bodard et Terquem,
qui faisaient le soir des cours publics,
l'un de chimie, l'autre de physique. Nous

y allions régulièrement Schmitt et moi ; ces cours étaient très suivis et très bien faits : nous y avons beaucoup appris.

Cette année 1870 se termina par un coup de foudre.

CHAPITRE VI

Nous entendions parler autour de nous d'une affaire Hohenzollern en Espagne. Ni au lycée, ni dans ma famille, on n'y attachait d'importance. Tout à coup, le 20 juillet, on annonça la déclaration de guerre de la France à la Prusse. Ce mot « guerre » n'avait pour moi qu'une signification tirée de mes études d'histoire et je ne réalisais pas l'horreur de la chose. Il est à craindre qu'il en soit ainsi pour bien des hommes. Mon frère Charles, qui avait été soldat et qui avait vu le champ de bataille de Magenta, me fit comprendre ce qu'était vraiment la guerre, en me montrant toutes les souffrances qu'elle engendrait. Au lycée, grand émoi ; nous brûlions tous d'un ardent patriotisme. Le professeur nous lisait *le Rhin allemand* de Musset, que je trouvais bien faible, *la Prise de la redoute* de Mérimée, que j'aimais davantage. Les classes cessèrent ; il n'y eut pas de distribution de prix. La ville était dans une agitation extrême.

On éleva d'immenses talus de terre, devant certaines parties du mur d'enceinte, et on m'expliqua que c'était pour préserver les parties faibles, contre l'artillerie prussienne qui était très redoutable. Je ne pouvais m'empêcher de penser que nos ministres devaient le savoir depuis longtemps, et qu'il était bien tard d'y remédier après la déclaration de guerre.

On annonça qu'une flottille de canonnières tiendrait le Rhin. Le chemin de fer amena l'amiral Excelmans, les officiers et les hommes des équipages ; il amenait en même temps les bateaux démontés qui devaient être remontés en hâte ; un chantier fut ouvert hors ville, près de l'Ill. Nous allions voir travailler les ouvriers. Cette opération me semblait aussi bien tardive. Le soir, la foule se pressait sur le Broglie pour entendre la musique militaire ; on faisait bisser l'air d'opéra bien connu : « Non, non, jamais en France, jamais l'Anglais ne règnera », chant bien faible à côté de la *Wacht am Rhein* (la garde sur le Rhin) que nous connaissions.

Un soir, la musique joua la *Marseillaise*, interdite par l'Empire depuis 1852. Je l'entendais pour la première fois. Nous comprîmes que le gouvernement impérial voulait ranimer le vieil esprit démocratique et faire revivre les grandes traditions révolutionnaires, en galvanisant la nation. Je fus profondément ému et ma mère devint toute pâle. Le grand souffle de la Patrie en danger passa sur nous. Un vieux marchand de bois des Vosges avait dit devant moi dans la journée : « L'Empereur a violé son serment en 1852 ; un homme qui a violé son serment sera abandonné de Dieu. » L'agitation augmentait ; les soldats nouvellement appelés, les gardes mobiles convoqués en hâte, erraient dans les rues sans ordres précis et sans vivres. Charles ramena à la maison un homme du Klingenthal, Friess, et le fit dîner.

La confiance revint entière, à la vue de

la belle armée d'Afrique, qui arrivait avec Mac-Mahon. Les zouaves, les turcos, l'infanterie de ligne campaient sur les remparts, sur les glacis et sur le polygone; nous allions, Strœbel, Butterlin et moi, d'un campement à l'autre, admirant la tenue des hommes. Nous étions étonnés qu'on les fît camper sous de petites tentes étroites et basses, quand les maisons de la ville étaient là, toutes prêtes à les recevoir avec cordialité. Nous rencontrâmes Leblois, qui exprima la crainte que des généraux habitués à la guerre d'Algérie ne fussent pas prêts à manœuvrer contre un organisme aussi redoutable que le grand état-major prussien. Nous allions ainsi de la confiance à l'inquiétude.

Un soir, à la fin du mois de juillet, après le souper, par une chaleur étouffante, ma lecture fut interrompue par une violente explosion. Je sus, le lendemain, que les Badois, craignant une attaque brusquée, avaient fait sauter, de leur côté, le tablier tournant du pont du chemin de fer sur le Rhin. On me dit qu'ils avaient même fait sauter les ponts sur la grande rivière du pays de Bade, la Kintzig. Les Allemands croyaient que la France, ayant déclaré la guerre, suivrait les traditions de Napoléon Ier, et ferait une attaque immédiate sur l'Allemagne de l'Ouest et du Sud, avant que la concentration des troupes ne fût faite. Le pont de bateaux sur le Rhin, à Kehl, avait été démoli par nos pontonniers sans armes. Je vois encore ces braves gens revenir de leur expédition, les bras ballants, en chantant : « Trois canards déployant leurs ailes », etc...

Puis, tout à coup, le soir du 4 août, nous apprîmes la surprise de Wissembourg, la mort du général Douay, le refoulement d'un petit corps français. La ville prit un aspect sinistre. Ce fut alors qu'arrivèrent les premiers blessés. Ceux que j'aperçus étaient amenés, de la gare à l'hôpital, dans un omnibus qui laissait voir des hommes ensanglantés sur les banquettes. J'aurai toujours devant les yeux l'image d'un chasseur dépoitraillé, le sang coulant sur sa poitrine. On disait : « C'est une surprise, comme il y en a forcément à la guerre ; Mac-Mahon va réparer le mal, il est parti avec toute l'armée pour le nord du Bas-Rhin. » La journée du jeudi 6 août, le bruit courut qu'une grande bataille était engagée à Froeschviller ; que Mac-Mahon était vain-

queur et qu'il jetait les Allemands dans
le Rhin. Mais, le soir, arrivèrent les premiers fuyards de l'armée française. J'étais
place d'Armes, aujourd'hui place Kléber,
quand je vis un pauvre lignard, harassé
de fatigue et couvert de poussière, qui se
dirigeait vers les arcades. Un civil, qui
sortait d'un magasin de la place, prit son
fusil, constata qu'il avait servi, puis
s'adressant au soldat : « Vous vous sau-
vez ; un soldat français ne se sauve pas : —
Ils étaient trop », dit le troupier en con-
tinuant sa route. Il était suivi par les
débris de l'aile droite de l'armée de Mac-
Mahon, des chasseurs, des zouaves, des
turcos, le fusil en bandoulière, sur des chevaux qu'ils avaient trouvés sans maîtres.
Un groupe de ces turcos rapportait le drapeau du 2ᵉ tirailleurs qu'ils avaient sauvé.

Ils le donnèrent à l'officier de service au coin de la place d'armes; l'officier le déploya à l'une des fenêtres du commandant de place. Nous saluâmes en pleurant.

Mon frère Charles rentra en ville le soir, par le dernier train qui ait marché d'Obernai à Strasbourg. Il avait assisté à une grande battue au Heidenkopf; toute la journée il avait entendu le canon; il avait appris le désastre, il accourait dans Strasbourg menacé. La nuit arrivait; on entendit battre la générale; la ville était dans la consternation. Les ponts-levis furent levés; on les abaissa le lendemain, pour laisser entrer les fuyards; la cavalerie allemande poursuivait les Français; le même jour, Strasbourg était mis en état de siège. Les Allemands tentèrent un coup qui ne réussit pas. On demanda

des volontaires pour aider les services de
la croix-rouge sur le champ de bataille ;
mon frère partit, et resta absent deux
jours. La ville se préparait à la défense.
La garnison comprenait un seul régiment
d'infanterie complet : le 87ᵉ, venu de
Belfort trop tard pour la bataille; l'artillerie de la place, le dépôt des pontonniers,
les quelques marins qui devaient constituer la flottille du Rhin et qui étaient
d'excellents soldats. Venaient ensuite la
garde mobile complètement inexpérimen-
tée, la garde nationale, un régiment et un
escadron de marche : ces deux derniers
éléments, formés de fuyards, avaient un
médiocre moral. Je vis un jour une sortie
du régiment de marche; il me fit très
mauvaise impression. Les hommes, les
femmes, les enfants, les catholiques, les

protestants, les juifs demandaient à résister jusqu'au bout. Il se forma deux compagnies de volontaires : la compagnie franche et la compagnie des francs-tireurs. Cette dernière était commandée par le professeur Liès-Bodard, de la Faculté des Sciences : mon frère s'y enrôla ; Je regrettai que mon âge ne me permît pas d'en faire autant.

Plusieurs jours se passèrent en préparatifs des deux côtés ; la ville était investie par un corps d'armée badois, sous les ordres du général Werder ; les batteries allemandes furent établies sur les hauteurs qui dominaient la place. Le 14 au soir, par dérision pour la fête de l'empereur des Français, les ennemis commencèrent le bombardement. Nous étions tranquillement chez nous, au second de la rue des Tonneliers ma mère et moi, quand nous entendîmes les premières explosions. Ma mère m'emmena au rez-de-chaussée du coin de la rue des Tonneliers et de la rue de l'Ail, chez nos voisins les Fritsch ; nous causions avec eux, quand un obus, suivant la rue de l'Ail, pénétra au premier dans la maison d'en face, où il éclata avec un bruit terrible. Après cette émotion, nous entendîmes d'autres explosions plus lointaines, puis nous rentrâmes chez nous. Le lendemain, nous prîmes les précautions recommandées par une affiche : des barriques pleines d'eau furent placées à tous les étages de la maison et les fenêtres bouchées avec des matelas. Nous établîmes un véritable campement au rez-de-chaussée, dans le séchoir transformé en dortoir ; il y avait là toutes les nuits, ma mère, Charles, ma sœur qui était de passage à Strasbourg avec son petit garçon, la domestique Catherine, un officier Griset, ami de mon frère, et moi. Mon frère et Griset disparaissaient toute la journée pour leur service : ils revenaient le soir et bien souvent je faisais avec Griset une partie de dames avant l'heure du sommeil. Le 18, eut lieu un nouveau bombardement, plus violent que le premier : les Allemands tiraient délibérément sur la ville, pour amener la population à demander une capitulation, dont d'ailleurs elle ne voulait à aucun prix. Des bourgeois inoffensifs, des femmes, des enfants furent tués ou blessés. On me raconta qu'un obus avait éclaté dans une chambre d'un couvent de sœurs, occupée par onze orphelines qui

avaient été tuées ou grièvement blessées.
La citadelle française, par représailles,
brûla Kehl, ce qui amena une protestation indignée du commandant allemand,
qui ne comprenait pas qu'on répondît à
ses violences. Le bombardement était
devenu régulier, le canon tonnait d'une
façon continue; la nuit, on voyait les
mèches allumées des bombes allemandes
décrivant une spirale parabolique et tombant ensuite sur les maisons, Le quartier
le plus éprouvé était le faubourg de
Pierres, qui fut bientôt un amas de ruines
fumantes. Chaque jour, Strœbel, Butterlin et moi, nous parcourions la ville pour
voir les nouvelles destructions et pour
aller aux informations. Ma mère s'inquié-
tait de nos sorties, mais nous lui démon-
trions que le danger était le même par-

tout. Un jour, Strœbel et moi, nous suivions le rempart près de la porte de l'hôpital, endroit relativement tranquille. Tout à coup, entendant le sifflement d'un obus, nous eûmes le temps de nous réfugier derrière des poutres qui étançonnaient une maison; le projectile tomba sur le rempart, sans éclater. Des soldats de la ligne, de garde sur le rempart, coururent aussitôt le ramasser en riant. Un autre jour, nous croisâmes une civière portant le cadavre d'un terrassier : c'était le corps d'un brave ouvrier qui travaillait au barrage de l'Ill, en avant de la porte des Pêcheurs. Pour mieux inonder les fossés, le général avait fait construire un barrage dans la rivière : les Allemands, pour le détruire, le couvraient continuellement de projectiles; mais notre commandement avait mis là des ouvriers civils, qui réparaient les dégâts, à mesure qu'ils se produisaient. C'est un de ces ouvriers qui avait été tué. Bien d'autres moururent à ce poste ; ils voyaient leurs camarades frappés à côté d'eux ; ils n'arrêtaient pas leur travail, soutenus par l'idée du devoir.

Les Allemands apportaient un raffinement incroyable dans leurs méthodes de bombardement. Au début, quand un projectile tombait sur une maison, on montait immédiatement pour éteindre le commencement possible d'un incendie. C'est ainsi que, nous trouvant un jour à dîner, ma mère et moi, vers midi, au second de notre maison de la rue des Tonneliers, nous entendîmes une explosion formidable au grenier. Je montai sans tarder ;

le feu n'avait pas pris ; le grenier était
plein de la fumée de l'explosion ; un trou
énorme crevait le mur mitoyen. Je redes-
cendis en hâte, ne me souciant pas de
rester exposé au bombardement. Mais les
Allemands furent avertis qu'on allait voir
immédiatement après l'explosion ; ils prirent l'habitude d'envoyer coup sur coup
deux projectiles au même point. Au début,
ils tuèrent ainsi plusieurs citoyens, qui
s'étaient précipités trop tôt. Dans notre
rue, notamment, un obus étant tombé sur
la maison du coin de la rue du Poumon,
plusieurs personnes montaient pour voir,
quand un second projectile en tua une et
en blessa deux. Dès lors, on prit l'habitude d'attendre la seconde explosion et de
monter ensuite. On prenait ainsi des
habitudes, on se faisait des règles : tant il

est vrai qu'il n'est pas de danger régulier
que l'homme n'arrive à supporter.

Cependant, une sorte de folie gagnait la
ville, de fausses nouvelles étaient répan-
dues, par les Allemands probablement :
on annonçait des victoires françaises, on
parlait de l'arrivée imminente d'un renfort
qui venait débloquer la place. Je vis un
jour une foule de pauvres gens se bouscu-
lant à l'entrée de la grand'rue, en criant
dans un délire joyeux : « Le renfort arrive ;
voilà le renfort. » Un obus, tombant au
milieu d'eux, les rappela à la dure réalité.

Nous avions ce qu'il fallait pour la
nourriture : ma mère, se rappelant les
conseils que donnait toujours mon père
pour le cas d'un siège, avait fait de grandes
provisions de chocolat et de légumes secs.
Le pain n'augmenta jamais, parce que la·

ville contenait d'immenses réserves de
farine destinées aux armées. Quant à la
viande, on trouvait à la boucherie d'excellente viande de cheval provenant des
chevaux tués ou blessés par le feu de l'ennemi. Nous avons sur la conscience,
d'avoir fait manger de cette viande à de
pauvres diables de turcos que mon frère
amenait : le cheval leur était défendu par
leur religion ; nous leur faisions croire
qu'on leur servait du bœuf. La grande
difficulté était d'avoir des légumes frais ;
nous étions bien obligés de nous en passer
la plupart du temps ; quelquefois, en
revenant d'une sortie, mon frère rapportait des pommes de terre dont il avait
bourré ses poches. Ma mère nous disait,
en plaisantant, que jamais nous n'avions
eu un si bel appétit.

Vers la fin d'août, l'évêque, monseigneur André Ræss voulut se rendre au quartier général allemand, pour prier le grand-duc de Bade de faire cesser le massacre systématique des habitants et la destruction régulière de la ville. Les vœux de tous accompagnaient le prélat ; mais l'évêque ne put arriver au quartier général : le commandant de l'armée de siège, le général Werder, refusa de le recevoir et lui fit dire par son chef d'Etat-Major, qu'il n'accorderait rien. Bien plus, le soir même, les artilleurs allemands braquèrent leurs pièces sur la cathédrale. Vers minuit, mon frère et Griset, qui étaient allés faire un tour au grenier, pour voir si un projectile non éclaté n'aurait pas mis le feu en passant, redescendirent tout effrayés ; mon frère nous dit : « Cette nuit, c'est vraiment grave, la cathédrale brûle. » Je montai avec lui pour voir : tout l'édifice était enveloppé de flammes et de fumée ; le feu dévorait la forêt de charpentes qui recouvre la nef ; de temps en temps, on voyait des flammes vertes, provenant du cuivre de la toiture ; le feu léchait, avec furie, la base de la flèche qu'il ne pouvait entamer. En même temps, des incendies éclataient sur d'autres points de la ville.

C'est ainsi que les Allemands, avec leur manque de psychologie, traitaient ceux qu'ils considéraient, disaient-ils, comme des frères. Ils employaient déjà les procédés de destruction que beaucoup de Français avaient oubliés, mais qui devaient, pendant la grande guerre, être renouvelés contre la ville, la population et la cathédrale de Reims, avec tous les perfectionnements que la science a pu produire en quarante-cinq ans.

Le lendemain, nous nous égayions d'un petit incident : un jeune homme de notre connaissance, ne se trouvant pas en sécurité chez lui, avait décidé, précisément pour cette nuit, de transporter son matelas à la cathédrale, pour y dormir tranquillement pensant être en sûreté dans l'édifice sacré. On se figure la nuit qu'il dut passer et comment il fila avec son matelas sur le dos.

On ne pouvait plus sortir de la place pour les enterrements : on décida d'enterrer les morts dans le jardin botanique de l'Ecole de Pharmacie en face des bâtiments de l'Académie.

La ville était pleine de pauvres gens

sans travail et sans ressource. On créa, à leur intention, des repas populaires. Je m'enrôlai dans un de ces restaurants gratuits, ouvert à la brasserie Piton, derrière les petites Arcades. Tous les jours, à midi, on servait là un dîner. Je fus chargé des verres et du vin. Un jour, en sortant de servir, j'entendis une détonation en l'air et je vis les passants regarder le haut de la cathédrale : la croix, qui surmonte la flèche, venait d'être touchée par un obus percutant ; on voyait encore un petit nuage de fumée ; la croix penchait ; elle serait tombée, si elle n'avait été retenue par le fer du paratonnerre. On disait, en ville, que ce coup, vraiment stupide, était le résultat d'un pari entre deux officiers allemands. On s'expliqua, alors, comment plusieurs projectiles avaient passé par-dessus la ville : c'étaient ceux qui avaient manqué leur but.

Vers le 10 septembre, on nous dit qu'une société suisse, avec l'appui et l'assentiment de la confédération helvétique, s'était constituée pour offrir un asile aux habitants auxquels la sortie de Strasbourg serait permise, notamment aux malades, aux femmes et aux enfants. Le projet de cette société fut accueilli avec une reconnaissance enthousiaste, par la commission municipale et par la population. Les Strasbourgeois sont attachés aux Suisses par de beaux souvenirs historiques, par un amour commun de la liberté et du droit. Strasbourg conservera éternellement le souvenir du jour où les représentants de Bâle, de Berne et de Zurich pénétrèrent dans la ville, à la suite d'un

accord entre le général Werder, commandant les assiégeants, et le général
Uhrich, commandant la place. Au milieu
des débris et des décombres fumants du
faubourg national, le maire, la commission municipale, de nombreux habitants
reçurent les délégués qu'ils conduisirent
à l'hôtel du Commerce, où furent arrêtées
les mesures pratiques à prendre pour
assurer la sortie des malades, des femmes
et des enfants. Pendant ce temps, le bombardement et les tirs du siège continuaient. Les personnes désirant quitter
Strasbourg devaient s'inscrire à la mairie.
Nous décidâmes, ma mère et moi, de ne pas
abandonner Charles et de rester dans la
place. Mon ami Butterlin fut, au contraire,
entraîné par sa famille et partit avec sa mère
et ses sœurs. Plus tard il me dit avoir amè-

rement regretté d'être sorti : les Allemands avaient laissé Mme Butterlin aller avec ses filles dans son village natal, mais avaient retenu le fils ainsi que d'autres garçons de 14 à 16 ans, pour les obliger à transporter de la poudre et des projectiles.

Après le départ des Suisses, le siège continua ; le bruit courait que les Allemands avaient réussi à pratiquer une brèche du côté du faubourg de Pierres et qu'ils donneraient bientôt l'assaut. La perspective d'un assaut préoccupait beaucoup mon frère, non pour lui-même, mais pour la ville qui serait, disait-il, saccagée par les Allemands, s'ils entraient de vive force.

Vers le 13, nous apprîmes que la République était proclamée à Paris. Nous ne savions rien de Sedan.

J'eus, un jour, au sujet de mon frère,

une des émotions les plus fortes de ma
vie : j'aperçus le professeur Liès-Bodard,
commandant des francs-tireurs, qui descendait notre rue et, m'approchant, je
l'entendis demander l'adresse de la famille
Appell. Je crus que mon frère était tué et
que le commandant venait nous l'annoncer. Je m'avançai et me nommai. Liès-
Bodard me dit qu'il venait nous demander où demeurait Frey, l'armurier, dont
le fils venait d'être tué au Contades par
un éclat d'obus. Sans rien laisser paraître, je fus soulagé ; j'eus honte de ma
satisfaction, car je connaissais bien le fils
Frey ; je donnai l'adresse de son père à
l'entrée de la Grand'Rue sur la place
Gutemberg. Que de fois, dans les temps
heureux de la paix, m'étais-je assis avec
Charles dans la boutique de l'armurier,

pour parler de chasses, de fusils et de cartouches ! Le père Frey ne se remit jamais de la mort de son fils. C'est ainsi que les Allemands préparaient l'avenir.

Un soir, nous vîmes arriver Griset, exubérant et excité. Il avait, disait-il, réussi à tuer un Allemand, dans la tranchée, d'une balle de chassepot ; il l'avait frappé en plein front. « Enfin, disait-il, j'en ai tué un. » Voilà où peut en venir un brave homme poussé à bout par un mois d'incendies, de bombardement et de crimes. Tous les habitants et tous les défenseurs en étaient au même point.

Le 20 septembre, se produisit un événement qui réveilla, pour bien peu de temps, notre espérance : le gouvernement de la République avait nommé préfet du Bas-Rhin l'Alsacien Valentin, en se rapportant à son énergie et à son patriotisme pour rejoindre son poste. Le nouveau préfet se déguisa ; il entra comme ouvrier dans une brasserie de Schiltigheim, près de Strasbourg. Guidé par Albert Lange, il réussit à tromper la surveillance des Allemands et se jeta dans les avant-postes français, en traversant les fossés à la nage. Le 20, au matin, des soldats amenèrent au gouverneur de Strasbourg un ouvrier brasseur trempé d'eau et couvert de boue : c'était le préfet du Bas-Rhin qui venait occuper son poste.

Après cela, le siège continua monotone, s'acheminant vers son dénouement inévitable.

———————

CHAPITRE VII

LA CAPITULATION DE STRASBOURG
ET LA FIN DE LA GUERRE

Le 27 septembre 1870, le drapeau
blanc fut hissé sur la cathédrale ; le canon
se tut. Nous ne savions que penser : les
uns disaient que la ville capitulait ;
d'autres jugeaient une capitulation invrai-
semblable et soutenaient qu'il s'agissait
seulement d'un armistice. Ma mère pleu-
rait, disant qu'elle préférait tous les
bombardements et tous les incendies à
l'occupation de la ville par les Allemands.
Malheureusement, il était vrai que Strasbourg capitulait : devant le succès pro-

bable d'un assaut, le général, voulant épargner à la ville les horreurs d'une prise de vive force, avait cédé ; il connaissait d'ailleurs ce que la population et la garnison ne savaient pas encore : le désastre de Sedan, la captivité de l'empereur, la défaite des armées impériales. Dans l'acte de capitulation, il était stipulé que les soldats français rendraient leurs armes ; mais ceux-ci, excités par les bourgeois de la ville et obéissant d'autre part à un sentiment naturel de dignité, les brisèrent plutôt que de les rendre. Combien ai-je vu de ces soldats, pâles de fureur, prendre leur chassepot par le canon, briser la crosse d'un coup sec sur le bord du trottoir, puis jeter ce qui leur restait dans les mains. Les rues étaient jonchées de débris d'armes. Je ramassai, pour ma part, les canons d'un fusil d'infanterie et d'une carabine de cavalerie, auxquels plus tard un armurier du Klingenthal remit du bois. Les magasins de l'armée avaient été ouverts et les pauvres gens purent faire des provisions de farine, d'étoffes et de couvertures. Mon frère, qui avait, comme tous ses camarades, refusé de s'engager dans l'armée régulière, était menacé d'être fusillé par les Allemands ; il se cacha pendant quelques jours. Il put, plus tard, sortir tranquillement de la ville comme un bon bourgeois et se rendre au Klingenthal.

Le 29, les Allemands entrèrent dans la ville. J'étais allé de bon matin place d'Austerlitz ; je vis là, pour la première fois, des troupes allemandes ; elles étaient rangées sur la place. Au bout de quelque temps, les fifres et les tambours se mirent à jouer et les soldats s'avancèrent en colonnes massives, l'arme sur l'épaule, pour suivre la rue d'Austerlitz, le pont du Corbeau, puis le Vieux marché aux poissons ; au passage du pont du Corbeau, les officiers firent courir les hommes : ils craignaient probablement que le pont fût miné ; sur le Vieux marché aux poissons, tout était désert au passage des troupes : les volets étaient fermés ; je me cachai dans une petite rue latérale. Tout à coup, un volet claqua ; on entendit un bref commandement : la troupe s'arrêta et les hommes prirent leur fusil pour tirer ; au bout d'un instant de profond silence, un autre commandement retentit et les soldats reprirent leur marche.

Strasbourg était occupé par les Allemands. Le soir même, de grandes affiches, signées de Werder, indiquaient aux habitants la conduite qu'ils devaient tenir, sous peine de mort. Les soldats allemands furent logés chez l'habitant. Ma mère en eut cinq. Il fallait les nourrir, suivant certaines règles imposées, et leur donner, à chacun, un cigare par jour. Les Allemands en usaient, pour leurs troupes, autrement que les Français pour l'armée d'Afrique. Les hommes logés chez nous, soldats de l'armée active, furent bientôt remplacés par des hommes de la landwehr ; ces derniers, pour la plupart pères de famille, ne comprenaient pas grand'chose à ce qui se passait, mais ils étaient très pleins d'eux-mêmes : ils déclaraient bruyamment que les Alsa-

ciens étaient des frères pour eux, mais
que la France serait totalement anéantie.
Notre domestique, Catherine, leur faisait
la cuisine et s'émerveillait de leur appétit ; quand elle leur apportait de gros
plats de nouilles ou de pâtes, ils hochaient
la tête en riant et disaient en chœur :
« Gut, Gut. » Cela dura quinze jours
environ ; les troupes d'occupation furent
alors réduites et logées dans les casernes.

Avec Jules Stroebel, j'allai voir les
remparts : nous visitâmes d'abord la
brèche faite par les Allemands du côté de
la porte de Pierres. La brèche était large
et praticable ; il y avait beaucoup de
curieux. Un officier allemand, en bel
uniforme, nous entendit causer et nous
dit en excellent français : « La France
est perdue ; on entend dans Paris les

coups de feu que les Français tirent les uns sur les autres. » Nous ne le crûmes pas ; nous étions pénétrés de défiance pour les Allemands. Je restai en arrière pour regarder un détail ; Stroebel, qui me précédait, m'appela en faisant des gestes ; je le rejoignis, mais une brute de soldat allemand qui nous avait suivis des yeux, crut que les gestes de mon ami étaient une injure, s'adressant à lui ; il tira son sabre baïonnette et courut sur nous. Comme nous n'avions pas d'armes, nous dûmes nous sauver. Nous courions plus vite que lui et dans les petites rues familières pour nous, il nous perdit bientôt. En sortant de la ville par la porte de Saverne, nous vîmes des soldats français prisonniers de guerre ; un sous-officier allemand faisait l'appel ; puis, les Français, sans armes, se rangeaient sous la garde des troupiers allemands. Un zouave, qui s'était fait une canne avec une baguette de fusil, fut interpellé violemment, d'une voix de tête, par un officier allemand : il dut jeter sa baguette et fut emmené avec les autres. Plus tard, quand je lisais les vers de Déroulède parlant du « spectre mutilé de la pauvre patrie » c'est toujours cette scène que je revoyais.

La ville reprenait son activité : les paysans revenaient au marché. Butterlin, Stroebel, Schmitt et moi allions voir les tranchées allemandes désertes et boueuses ; nous suivions les travaux d'approche ; nous nous rendions compte de l'emplacement des batteries.

Ma mère m'envoya pour quelques jours au Klingenthal. La grand'mère et

la tante Reine n'avaient pas encore vu de
troupes allemandes. Il y avait également,
au Klingenthal, les Gast, qui avaient
passé tout le temps du siège à la campagne, où ils étaient déjà installés avant
Froeschwiller ; ils avaient été très inquiets
pour nous. Les histoires les plus sinistres
avaient couru. La grande occupation des
gens du village, pendant le siège, avait
été de monter le soir au Laeger (sorte de
lande à mi-côte de la montagne) pour
voir les incendies de Strasbourg. Mon
frère, qui s'était caché, comme je l'ai
dit, arrivait aussi au Klingenthal. Il
voulait passer la montagne pour reprendre du service dans l'armée française
avec son ami Serrand. Il prit par le Hoh-
wald : là, les deux hommes, fatigués,
entrèrent dans une auberge où ils trou-

vèrent des bûcherons et, par mauvaise chance, deux gendarmes allemands ; l'un de ceux-ci eut l'idée de leur demander leurs papiers. Mon frère et Serrand placèrent avec ostentation leurs revolvers devant eux ; les bûcherons prirent leurs haches. Les gendarmes comprirent et partirent chercher du renfort. Nos deux fugitifs filèrent rapidement. Mon frère reprit du service dans la légion alsacienne à Lyon.

La guerre continuait, nous étions, au Klingenthal, comme isolés du monde. Un jour que je dessinais à l'une des fenêtres de la maison, j'entendis dans la rue un pas rythmé, puis aussitôt la voix irritée de ma tante : « Voici les Prussiens. » C'étaient quelques hommes qui venaient voir le village. Quelques jours après, arriva un détachement important

qui comprenait de l'infanterie et de la
cavalerie ; le gros des fantassins suivait
la route ; mais des files de tirailleurs les
escortaient des deux côtés à une vingtaine
de mètres sous bois ; les cavaliers occupaient toutes les issues du village. Les
Allemands craignaient les francs-tireurs.
Il n'y en avait pas chez nous, mais on
racontait qu'à Senones, après un combat,
les Allemands avaient pris et torturé
quelques malheureux francs-tireurs.

La semaine suivante, les Allemands
vinrent fouiller les maisons pour prendre
les armes. Chez nous, ils ne trouvèrent
rien : nous avions, ma tante et moi, en
ouvrant au grenier la petite porte par où
passaient autrefois les ramoneurs, sus-
pendu, dans la cheminée, les deux fusils
de chasse de mon frère.

Mais il fallait reprendre les études.
Tous les établissements scolaires à Strasbourg étaient fermés, à l'exception du
petit séminaire : c'est là que j'allai en
rhétorique. J'y trouvai le petit groupe de
mes amis intimes : Stroebel, Butterlin,
Schmitt et quelques élèves que j'avais
connus au lycée.

Les Gast restaient au Klingenthal : la
maison qu'ils occupaient à Strasbourg
avait été brûlée pendant le siège. Leur
père décida qu'ils iraient, comme externes
surveillés, au collège d'Obernai ; c'était
pour Armand et Edmond douze kilomètres à faire à pied tous les jours. Ils
s'entraînaient à fumer la pipe le long de
la route, Par les temps de neige, ils
allaient en sabots. Pendant l'hiver le pays
fut ravagé par une épidémie très grave de

variole ; le faubourg que les Gast étaient obligés de suivre à Obernai était abominablement contaminé ; les Allemands, toujours pratiques, exigeaient qu'une grande croix blanche, de la hauteur de la porte de la maison, fût fixée à l'extérieur, pour que l'on vît de loin qu'il y avait là un malade. Le collège ne ferma pas un seul jour; mes amis restèrent indemnes.

Au petit séminaire, nous reprenions sérieusement notre travail. Nous avions un très bon professeur de lettres, l'abbé Pollin, qui savait nous intéresser beaucoup. Il eut l'idée de nous faire réciter, le samedi après-midi, des pièces de prose ou de vers que nous étions libres de choisir, afin de nous exercer à avoir une intonation juste et un bon débit de voix. La plupart des élèves choisissaient du théâtre classique, ou du

Boileau, de l'Horace, du Virgile. Un jour, un de nos anciens camarades du lycée nous récita, sur les cuirassiers de Reichshoffen, une pièce qui, en soi-même, était probablement .quelconque, mais qui, vu les circonstances, produisit un très grand effet ; la nuit tombait ; nous voyions en imagination cette charge terrible et désespérée ; nous étions tous profondément émus.

Chaque jour, après la classe du matin, de dix heures à onze heures, Butterlin, Schmitt, Stroebel et moi, faisions le tour de la ville en suivant toujours le même itinéraire ; nous flânions le long des boutiques, nous arrêtant, avec d'abondants commentaires, devant les marchands de gravures et les magasins de livres. Partout se respirait l'amour de la France. Nous eûmes l'occasion de manifester publiquement nos sentiments à l'enterrement de Kuss, le dernier maire français de Strasbourg ; nous étions au cimetière Saint-Urbain avec des milliers de citoyens ; on criait : « Vive la France, vive la liberté ! » La police allemande se retira.

Le vendredi, nous allions régulièrement au *Gimpelmärk* ou marché aux vieilleries ; nous y restions à lire ou à chercher des livres d'occasion dans un éventaire tenu par un revendeur de la rue des Veaux. C'est là que je découvris la *Pluralité des Mondes habités* de Flammarion, qui fut une véritable révélation pour moi, puis le fameux *Paris en Amérique* de Laboulaye, qui nous servit longtemps de thème à discussion et qui a certainement eu une grande influence sur mon orientation politique.

Nous mettions notre espoir immédiat dans le gouvernement de la défense nationale : Gambetta était notre grand héros, puis venaient Chanzy, Faidherbe, Bourbaki. Mon ami Stroebel et moi fûmes un jour très meurtris et très attristés par un article du *Figaro,* qui cependant n'était guère méchant, mais dans lequel on se moquait de Gambetta. Nous étions convaincus que les Français seraient vainqueurs : nous fondions de grands espoirs sur la manœuvre de Bourbaki, destinée à débloquer Belfort et à délivrer l'Alsace par le Haut-Rhin.

Outre le professeur principal, nous avions au petit séminaire un professeur spécial de sciences. Pour nous intéresser à la vie scientifique, il avait pris l'habitude de réunir, dans sa chambre au petit séminaire, le dimanche matin, ceux d'entre nous qui aimaient l'étude, et de leur faire lire des journaux de sciences, notamment la *Revue scientifique*, en répondant à leurs questions. J'y allais régulièrement avec Schmitt ; c'est là que j'ai vraiment appris à travailler et à faire œuvre d'initiative.

Vinrent ensuite les terribles nouvelles : l'armistice, le désastre de Bourbaki, la capitulation de Paris. Nous nous passionnâmes pour les élections à l'Assemblée nationale, où les deux départements du Haut-Rhin et du Bas-Rhin élisaient chacun leur liste. Nous fîmes une campagne ardente pour la liste des patriotes français du Bas-Rhin avec Gambetta en tête, liste qui ne rencontrait pour ainsi dire aucune opposition et qui était soutenue par tous nos maîtres. Nous lûmes avec anxiété les débats de l'assemblée de Bordeaux, la belle déclaration unanime des députés du Haut-Rhin, du Bas-Rhin et de la Moselle. Mais tout fut inutile : la force l'emporta sur le droit et sur la volonté des trois départements. Le traité de Francfort fut signé, l'iniquité consommée ; les trois départements furent annexés à l'Allemagne impériale. Nous pensions, avec tous nos compatriotes, que cette annexion durerait peu de temps et que bientôt nous redeviendrions Français ; les plus pessimistes parlaient de trois ans : il en fallut quarante-sept.

CHAPITRE VIII

La guerre finie, mon frère revint sans être inquiété. Mes études continuèrent au petit séminaire. Les Allemands s'installaient à Strasbourg. Tous les fonctionnaires français étaient partis ; les Allemands les remplacèrent par des fonctionnaires, dont beaucoup, originaires de la Prusse orientale, étaient particulièrement antipathiques aux Alsaciens. Des commerçants aussi partaient ; ils étaient remplacés par des Allemands faméliques, que les Strasbourgeois accueillaient fort mal, mais qui finissaient par avoir une clientèle de fonctionnaires et d'officiers. On vit même, chose tou-chante, partir des gens sans ressources ; un homme qu'on appelait « Schangelé Stiff », Jean-le-Raide, qui mendiait dans les brasseries, où tout le monde le con-naissait, déclara qu'il ne pouvait vivre avec les Allemands ; il se rendit à Paris, où il mourut de faim et de misère.

Les Strasbourgeois protestaient comme ils le pouvaient. Il fut à la mode pour les femmes de porter des bagues tricolores, Ma mère en avait une, avec les trois cou-leurs françaises en émail. Il se produisait partout de petites scènes comme la sui-vante : dans notre magasin de teinturerie, ma mère est au comptoir ; il y a deux clientes ; une dame alsacienne et une dame allemande ; cette dernière se plaint, déclare que les Français n'ont pas su aménager la ville, qu'il n'y a pas assez d'arbres.....; la dame alsacienne l'interrompt avec fureur et lui dit : « Mais pourquoi êtes-vous venue ici, personne ne vous y forçait. »

Devant cette hostilité générale, le gouvernement essaya de lancer un parti autonomiste qui prit la devise, imitée des Rohan : « Français ne puis, Allemand ne daigne, Alsacien suis. » Mais cette tentative fut percée à jour : les Alsaciens voulaient être Français.

Aucun de mes camarades n'entendait rester à Strasbourg ; ils cherchaient tous à se faire une carrière en France. Mais il fallait tout d'abord passer le baccalauréat. Nous décidâmes, ma mère, mon frère et moi, que je finirais ma rhétorique à Strasbourg ; que, pendant les vacances, je travaillerais seul avec quelques leçons, et qu'en novembre 1871, je me présenterais à Nancy.

La rhétorique finie, j'allai tout d'abord au Klingenthal, où je retrouvai les Gast. Nous étions pris d'une véritable passion pour le tir et pour la chasse. Mon frère me fit cadeau d'un fusil Lefaucheux, calibre 12, qu'il avait trouvé d'occasion. Les deux Gast eurent des calibres 16, plus usuels. Et nous voilà partis dans la montagne, dans les forêts de Boersch, d'Obernai, d'Ottrott, pendant des journées entières, marchant devant nous, en ligne, par monts et par vaux, sans chien, et il faut l'avouer, sans rien rencontrer qu'un malheureux ramier ou un triste engoulevent. C'était une rude éducation cynégétique, enseignant l'endurance et la patience.

Quand mon frère venait, la scène changeait : il m'emmenait le matin, avec le
vieux Bisch, chasser au chien courant. Il
fallait sortir avant le lever du soleil ; le
vieux Bisch venait nous réveiller en jetant
du sable contre la fenêtre. Nous partions
à la première pointe du jour, pour lancer
un lièvre près du commencement de la
route qui monte dans la montagne ; le
chien partait en donnant de la voix ; on
s'asseyait, en attendant que le lièvre re-
vînt au lancer. On voyait le lever du soleil, la rosée scintillant sur la bruyère, les
bûcherons allant à leur travail. Quelquefois, le lièvre revenait ; on l'abattait d'un
coup de fusil ; on l'arrachait aux chiens
et, dans la gibecière, il devenait tout
raide pour avoir trop couru. D'autres
fois, le chien levait un chevreuil qui

l'emmenait au loin ; le vieux Bisch entendant les aboiements s'éloigner, disait d'un ton de tranquille patience : « Ils sont maintenant aux châteaux d'Ottrott ou au Heidenkopf, ou du côté du Sainte-Odile. » On s'en allait alors les mains vides.

Le dimanche, c'étaient les grandes battues en montagne. Les chasseurs, venus de tous les coins du pays, les traqueurs, ouvriers du Klingenthal ou d'Ottrott, suivaient tous ensemble les chemins sous bois. On postait les tireurs dans les clairières ou au bord des routes. Les traqueurs leur faisaient face et marchaient vers eux en criant et en battant les buissons. Le gibier filait devant les rabatteurs ; c'était le plus souvent du chevreuil ou du sanglier. Dans la montagne d'Alsace, le lièvre est rare, plus encore que le renard.

Mon frère accompagnait les traqueurs, pour le cas où une pièce de gibier aurait voulu rebrousser. Il ne plaisantait pas sur les devoirs du chasseur. Un jour, fuyant à petits pas devant les traqueurs, m'arriva un magnifique chevreuil, qui s'arrêta devant moi pour écouter. J'étais silencieusement caché derrière un arbre ; je levai doucement mon fusil, avec un battement de cœur, quand je fus frappé du regard et du maintien de la noble bête ; je ne tirai point. Le chevreuil passa d'un bond. Mon frère sut l'histoire, et je reçus les plus beaux reproches qu'on puisse rêver : « Grand sentimental, si tu crois que c'est pour cela qu'on t'emmène à la chasse ! » Il avait raison : on ne doit pas faire les choses à moitié : du moment qu'on accepte d'entrer dans un jeu, il faut le suivre jusqu'au bout.

CHAPITRE IX

Cette année, octobre 1871, je ne rentrai pas au collège ; je revins en ville travailler à ma guise. Ce fut vraiment, pour mes études, le moment le plus agréable de ma vie. Butterlin, Strœbel et Schmitt suivaient au petit séminaire le cours de philosophie. Chaque jour, j'allais les chercher. Butterlin me tenait au courant de ce qu'on faisait en classe où, comme dans le bon vieux temps, on discutait en latin ; il m'expliquait les différences subtiles qu'il fallait faire entre : « ens a se, ens per se, ens in se » ; il me prêtait ses

cahiers. D'autre part, un de mes camarades, qui prenait des leçons avec un
professeur laïque, me donnait ses notes.
Je travaillais de mon côté avec le professeur du petit séminaire, homme plein de
bon sens, qui n'était pas dupe du programme officiel de l'époque. Je lisais
beaucoup, sans aucun guide, à tort et à
travers : des romans de toute sorte, et la
physique de Pouillet; du Pascal et du
Descartes, avec la philosophie de Newton
par Voltaire. Butterlin me fit lire l'histoire des Girondins, de Lamartine. Nous
avions de violentes discussions sur les
hommes de la grande Révolution, puis
sur l'empereur Napoléon, au sujet duquel
Butterlin et moi partagions les idées
d'Erckmann-Chatrian. Pour les sciences,
je pris des leçons avec un professeur que

j'avais eu au lycée en seconde, le père Besson, au Neuhoff, homme instruit, primitif et rude, qui a élevé une belle famille de garçons devenus tous professeurs en France. Il nous apprenait la trigonométrie, la descriptive, la physique et la chimie. En automne, le grand jour du baccalauréat à Nancy arriva. Mon frère m'accompagna. Le voyage fut pénible ; les trains étaient bondés d'officiers allemands. Je passai d'abord le baccalauréat ès lettres. Puis vinrent mes amis de Strasbourg, Strœbel et Schmitt, qui passaient les sciences, où nous fûmes admis ensemble.

Je m'en retournai à Strasbourg, bien déçu par ce premier contact avec les examens, frappé du rôle que jouaient le hasard et les manies des examinateurs. Il me paraissait insensé qu'un grade pût

être donné ainsi, après quelques épreuves,
à un jeune homme que les examinateurs
ne connaissaient pas. Cette opinion n'a
fait que grandir chez moi. J'ai plus d'une
fois entendu mon confrère Lavisse émettre
la même opinion avec force au conseil
de l'Université ; il faisait ressortir, en
outre, que ce genre d'examens n'est pas
du ressort de l'enseignement supérieur,
qu'il oblige l'Université de Paris à finir
ses cours trop tôt ; je l'ai entendu propo-
ser, avec humour, de mener les étrangers,
devenus nos clients, voir passer des bac-
calauréats à la place des cours qu'on ne
pouvait pas leur faire. Mais il faudra
encore longtemps pour que l'opinion
comprenne en France que les Universités
ne sont pas faites pour les examens d'enseignement secondaire.

Après le baccalauréat, nous revînmes à Strasbourg. A la rentrée des Facultés, Schmitt et Jules Strœbel allèrent aux écoles de pharmacie, l'un à Paris, l'autre à Nancy. Quant à moi, je n'avais aucune vocation. Notre éducation nous avait appris le culte des lettres, l'admiration de l'antiquité grecque et latine, l'amour de l'étude scientifique ; mais je dois dire que personne ne nous avait parlé de la vie, des devoirs d'un jeune Français du dix-neuvième siècle. Nous avions été formés à penser, à travailler, à suivre une méthode. Sur un point, nous étions tous d'accord, mes amis, mes camarades et moi : c'est que nous ne voulions pas être Allemands ; tout nous choquait dans ce qu'on appelle la culture allemande. Nous pensions que notre travail devait avoir pour but la grandeur de la France et la libération de l'Alsace.

Au point de vue de l'exécution, chacun employait sa manière : Schmitt et Strœbel venaient de partir; Picquart et Leblois avaient quitté Strasbourg dès la conclusion de la paix; seul, Butterlin, atteint d'une hypertrophie du cœur, était forcé de rester dans sa famille; il s'inscrivit à la Faculté de droit de la nouvelle Université allemande, dont le siège provisoire était au Palais des Rohan, entre la cathédrale et l'Ill. Je sus par lui ce qui se passait dans la nouvelle Université, combien la masse des étudiants allemands travaillait peu, quelle place tenaient dans leur existence les associations, les duels, les réunions avec les professeurs, les longs séjours dans les brasseries; mais il me faisaient remarquer quelle indépendance on leur laissait, au point de vue universitaire, et comment ils avaient vraiment la liberté d'apprendre ; quelques-uns d'entre eux travaillaient avec acharnement : c'étaient ceux qui avaient une vocation spéciale et se sentaient capables d'invention et d'initiative. Le petit frère de Butterlin allait au lycée allemand ; là aussi les méthodes étaient toutes différentes des nôtres : les élèves n'avaient, pour ainsi dire, pas de devoirs chez eux ; tout se faisait en classe. Il n'y avait au lycée rien qui ressemble à l'enseignement supérieur : ni philosophie, ni mathémathiques spéciales ; il n'y avait pas d'internes : les professeurs prenaient des pensionnaires chez eux. Le baccalauréat était donné dans les établissements d'en-

seignement secondaire aux bons élèves.
Dans les familles allemandes, une éducation était incomplète, si le jeune homme
n'avait pas fait d'études d'enseignement
supérieur dans une Université. Nous parlions constamment, Butterlin et moi, de
ces questions fondamentales pour la formation d'un esprit national. En ce qui
me concerne, le temps passait sans que
je prisse une décision ; ce que j'aimais
au-dessus de tout, c'était précisément ma
vie libre, toute de réflexion et d'étude.

Ma mère m'envoya passer l'hiver au
Klingenthal. Jamais encore, je n'avais
été en décembre et janvier dans la montagne : ce fut un ravissement. A l'intérieur de notre petite maison, la vie tranquille, le feu ronflant dans le poêle, les
causeries avec la grand'mère, les lectures

paisibles, le dessin, et la liberté de travailler à ma fantaisie. A l'extérieur, le froid vif, les montagnes étincelant au soleil d'hiver, les prés gelés, les sapins ployant sous la neige. Avec les garçons du village, j'allais faire des parties de traîneau. Dans les Vosges, les enfants ont de tout petits traîneaux qu'ils appellent « schlette », sur lesquels on peut se tenir accroupi; on se laisse alors glisser dans les pentes gelées; on descend avec une vitesse accélérée pour faire, au bas, la culbute dans la neige, aux cris de joie des assistants. Mais le plus beau était quand mon frère, profitant de la morte-saison, venait passer quelques jours avec nous : alors nous chassions. Nous partions au soleil du matin, pour courir dans la montagne jusqu'à midi; les chemins

étaient blancs d'une neige immaculée;
on y voyait seulement de temps en temps
quelques traces de pas d'un oiseau, d'un
renard, d'un chevreuil, d'un sanglier ou
d'un lièvre. L'après-midi, nous allions
plutôt dans les champs. Quand on avait
levé et tiré quelque malheureux lièvre,
on voyait sur la neige comment il avait
couru, comment le coup de feu s'était
comporté, et c'étaient des sujets d'obser-
vations et de commentaires.

En février, je revins à Strasbourg.
Ma mère, inquiète de mon oisiveté ap-
parente, alla consulter le supérieur du
petit séminaire, sur la carrière que je
devais suivre. Il lui conseilla de me faire
entrer à l'École Polytechnique. Dès qu'en
France un jeune homme présente quelques capacités, on le pousse vers l'École

Polytechnique, sans se soucier de savoir s'il sortira dans les mines, les ponts, les tabacs, les constructions navales, le génie, l'artillerie de terre ou de mer. Nous devons ce fait à la Convention, qui supprima les Universités et créa l'École Polytechnique et l'École Normale Supérieure. Je crois que ce fut une erreur et que le type d'Universités adopté, dans tous les autres pays en vue de développer l'amour des recherches, est meilleur que celui qui fait passer directement le jeune homme du lycée dans une École spéciale. Je pense, avec Renan, que les grandes études formatives, les travaux exigeant la curiosité scientifique, doivent être faits dans des Universités, où chacun peut travailler comme il veut et suivre les cours qui lui plaisent. C'est seulement après ces études

libres, que devraient arriver les écoles
spéciales d'ingénieurs, d'officiers, de professeurs. Il y a là un problème fonda-
mental, spécial à notre pays : le problème
des relations réciproques à établir entre
les diverses Écoles et les Universités.

Quoi qu'il en soit, je fus destiné à
l'École Polytechnique. Dès lors, je me
mis à étudier spécialement les mathématiques, dans les livres que m'indiqua un
de mes anciens camarades du lycée :
la géométrie analytique de Briot et
Bouquet et l'algèbre de Bertrand.

Après les vacances de Pâques, je fus
envoyé à Nancy. Ma mère m'y installa.
Je lui serai toujours reconnaissant de ne
pas avoir songé pour moi à l'internat au
lycée. Sur les conseils du secrétaire de
la Faculté des Lettres, elle trouva pour

moi un logis et une pension chez l'abbé Trouillet, curé de Saint-Epvre, rue de Guise, homme universellement aimé et connu. Au commencement j'étais tout seul à l'heure des repas ; mais l'abbé Trouillet me prit en affection et me fit manger à la table commune, où il présidait le repas des vicaires. Nous avions là des discussions sans fin, sur la situation de la France, sur les conditions de son relèvement, sur le régime politique qui lui convenait le mieux ; nous n'étions pas d'accord sur la dernière question : j'étais le seul républicain de la table ; je ne sais quelle mauvaise idée les abbés se faisaient des républicains, car un jour, l'un d'eux me dit : « Comment vous, un jeune homme rangé et laborieux, pouvez-vous être républicain ? » L'abbé

Trouillet était un vrai démocrate; il parlait du même ton à l'évêque et au dernier des mendiants. Il cherchait constamment de l'argent pour bâtir son église de Saint-Epvre; il en trouvait à la cour d'Autriche, chez les nobles lorrains, dont il mettait les armoiries sur les vitraux, et chez les riches bourgeois. Il n'aimait pas les Jésuites, qui lui faisaient probablement concurrence. Il disait · « Ces gens-là ont toutes les belles dames avec eux. »

Ma mère profita de sa présence à Nancy, pour me faire opter pour la nationalité française. Le traité de Francfort stipulait que les Alsaciens pourraient opter dans un certain délai, qui n'était pas encore expiré, mais il ne disait rien de l'âge de l'optant. Les Allemands n'admettaient pas l'option des mineurs; les Français l'admettaient avec

l'autorisation des parents. Dès lors, j'optai
avec l'autorisation de ma mère. Comme
les Alsaciens se méfiaient des Allemands
et craignaient une expulsion possible; ni
ma mère, ni mon frère n'optèrent. Notre
famille présenta alors cette singularité,
que j'étais officiellement Français, que ma
mère et mon frère étaient officiellement
Allemands. Nous étions tous Français par
le cœur, et, au début, nous parlions
souvent en plaisantant d'une situation
qui, pensions-nous, ne durerait guère.
Un grand nombre de familles alsaciennes
se trouvèrent dans la même situation :
les jeunes optaient et partaient; mais il
leur fallait, en Allemagne, un statut régulier, pour qu'ils puissent aller voir leurs
parents et pour qu'ils ne soient pas,
comme déserteurs, exposés à la confisca-

tion de leurs biens. On imagina alors le biais des *permis d'émigration*. Les jeunes gens se trouvant dans mon cas, et ils étaient nombreux, demandèrent au gouvernement allemand et obtinrent des permis d'émigration, permis que prennent les émigrants qui vont aux États-Unis, au Brésil, etc. Avec ce permis, l'émigrant est rayé des cadres de l'armée allemande, mais en retour, il ne peut revenir chez lui qu'avec une autorisation spéciale. Les Allemands se prêtèrent volontiers à ce biais, qui leur permettait de se débarrasser des jeunes Alsaciens, se destinant aux carrières libérales. En fait, toute une génération d'Alsaciens manqua aux Allemands dans cette sorte de carrières, sauf quelques exceptions, comme Butterlin, qui étaient utiles pour maintenir l'esprit public. Mais, au début, tous les futurs médecins, juristes, ingénieurs, professeurs, pharmaciens quittèrent l'Alsace et furent remplacés par des Allemands. Cela fit même illusion à l'Allemagne jusqu'au jour où des Alsaciens plus jeunes, ayant conservé l'amour de la France, vinrent se former à l'Université de Strasbourg et constituèrent, dans le pays d'empire, un cadre au cœur français. Il est d'ailleurs difficile de dire quels sont ceux qui firent le sacrifice le plus grand, le plus utile à la Patrie, ceux qui partirent ou ceux qui restèrent. Peu importe aujourd'hui, puisque le résultat est là et que l'Alsace est française.

On peut se figurer ce que pouvait être un jeune homme ayant travaillé seul, tombant après les vacances de Pâques dans une classe de spéciales. Pruvost

voulait, *a priori,* me renvoyer en élémentaires. J'obtins de lui qu'il me laisserait écouter ses leçons et suivre les classes, sans qu'il m'interrogeât et sans que
j'eusse la prétention de me présenter aux
examens. Je n'oublierai jamais l'intérêt
qu'il me témoigna, ni les encourage-
ments qu'il me donna. Après les vacances passées en partie à Strasbourg avec
Butterlin, en partie au Klingenthal avec
les Gast, qui habitaient Versailles pendant l'année, je retournai à Nancy, où
commença vraiment pour moi la classe
de spéciales. Pruvost avait été nommé
à Paris. Je trouvai à Nancy un jeune
professeur, Elliot, normalien agrégé,
qui nous fit un cours des plus suggestifs.

C'est là que je fis la connaissance de
Henri Poincaré. Le jour de la première

classe, un camarade me dit en montrant Poincaré : « Voilà un type très fort ; il vient d'être reçu second à l'École Forestière ; il a remporté le premier prix de mathématiques élémentaires au concours général, il a résolu tout seul l'année dernière le problème donné à l'École Polytechnique. »

La physionomie de Poincaré me frappa : il n'avait pas, à première vue, le type ordinaire de l'élève intelligent : il était comme absorbé dans des pensées intérieures, avec des yeux en quelque sorte voilés par la réflexion : quand il parlait, ses yeux s'animaient d'une expression de bonté, à la fois malicieuse et profonde. Je me sentis attiré vers lui : comme nous étions externes tous deux, nous échangeâmes quelques mots en sortant. Je fus frappé de sa façon de parler un peu brève et saccadée, entrecoupée de longs silences.

Dès les premières interrogations en classe, sa supériorité apparut éclatante : il répondait aux questions en supprimant les raisonnements intermédiaires, avec une brièveté et une concision telles que le professeur lui demandait toujours de développer ses réponses : il lui disait : « Si vous répondez ainsi à l'examen, vous risquez de n'être pas compris. »

Nous prîmes l'habitude, Poincaré et moi, de causer en sortant de classe et bientôt nous fûmes tout à fait liés.

Deux de nos camarades demeuraient assez loin du lycée ; l'un nancéien, Henry, mort aujourd'hui après une carrière universitaire, habitait en ville, rue de Malzéville ; l'autre, strasbourgeois, Hartmann, aujourd'hui commandant d'artillerie en retraite, chef des travaux de mécanique à l'École Polytechnique, habitait le village de Malzéville. Accompagner ces deux camarades devint notre promenade quotidienne, après la classe de l'après-midi. Nous ne prenions pas toujours le chemin le plus court. Parfois, tout en discutant un problème de mathématiques, nous interrompions notre promenade : sur le mur voisin, Poincaré traçait du doigt une figure géométrique idéale, qui nous aidait à suivre son raisonnement. Après avoir traversé la grande rue Ville-Vieille, nous franchissions les portes de la Craffe et de la citadelle, pour arriver jusqu'à la rue de Malzéville, où nous laissions Henry ; quelquefois nous allions plus loin, mais, ordinairement, nous revenions Poincaré et moi, seuls ou avec Hartmann, et nous allions jusqu'à la porte de Poincaré, 6, rue Lafayette. Nous parlions des grands événements qui venaient de bouleverser notre pays, de la guerre, de la Commune, de la libération du territoire, de l'Alsace-Lorraine et de son immuable attachement à la France ; puis aussi des incidents de la vie publique, de l'élection Barodet-Rémusat, des débats de l'Assemblée nationale, des partis politiques...

Nancy était occupé par les vainqueurs ; la tristesse de la défaite, l'annexion de l'Alsace-Lorraine pesaient lourdement sur nos entretiens : mais nous avions une confiance entière dans l'avenir ; nous désirions que Thiers pût fonder une République ordonnée et active, qui nous apparaissait comme le régime le plus capable de relever la Patrie et de lui rendre sa place dans le monde. Cette opinion, qui était celle de la grande majorité de nos camarades, se manifesta quand Thiers fut renversé le 16 mai : une adresse de sympathie et de protestation au Président tombé, circula sur les bancs, pendant une classe d'allemand, et fut signée par tous les élèves de spéciales, à l'exception d'un seul.

Dans nos promenades, nous parlions aussi, comme on peut le penser, de nos études, des problèmes posés par notre professeur, des généralisations qu'on pouvait leur apporter, des solutions fournies par la géométrie. La recherche des solutions géométriques est une tradition

qui disparaît sous l'abus du calcul ; et
cependant pour développer l'intelligence
et l'initiative, rien ne vaut la vue directe
des choses. Il nous arrivait quelquefois
de philosopher : Poincaré souriait doucement de la psychologie et de la théodicée
naïves qu'on enseignait alors en vue du
baccalauréat. Je me souviens également
de longues conversations sur les raisons
scientifiques et philosophiques de croire
à l'existence de la vie dans les autres
planètes.

Je ne pensais qu'à l'École Polytechnique quand, au milieu de l'année, dans
une interrogation, un professeur me dit
que je ferais bien de me présenter aussi
à l'École Normale Supérieure, qui avait
le même programme, avec, en plus, une
épreuve de philosophie. Je me décidai

alors à me présenter à la fois aux deux écoles, et je repris mes livres de philosophie.

En juillet, nous fîmes les compositions
écrites pour l'École Normale à Nancy,
puis, après l'admissibilité, nous allâmes
à Paris passer l'oral, Poincaré, Henry et
moi. Mon frère me conduisit de nouveau.
Je passai mes examens, passablement
éreinté par le séjour à l'hôtel, le changement d'habitudes, les longues courses
que mon frère me faisait faire dans Paris
où il avait de nombreuses relations.

Après le concours de l'École Normale,
nous revînmes à Nancy, où j'avais poursuivi toutes mes études sous l'occupation
allemande, faire les compositions écrites
pour l'École Polytechnique, du 4 au 6 août
1873. Nous trouvâmes la ville dans l'al-
légresse : des drapeaux partout, à toutes

les maisons, à toutes les voitures, jusqu'aux charrettes des laitiers ou des ma-
raîchers : les troupes allemandes venaient
de partir, et précisément, pendant la
composition de lavis, l'avant-garde de
l'armée française fit son entrée à Nancy.
Jour de joie et de délivrance, bien mé-
lancolique pour nous, les Alsaciens, qui
ne pouvions perdre de vue que la libération du territoire français allait s'arrêter,
pour longtemps peut-être, aux Vosges.
Poincaré, rendu nerveux par l'émotion,
avait particulièrement mal réussi son
lavis, exercice auquel il n'excellait pas
d'ailleurs ; il avait collé sa feuille de papier
trop vite, puis il avait étendu trop rapidement les couches d'encre de Chine
successives, avant que les précédentes
fussent sèches. Il avait hâte de rejoindre,

à l'Hôtel de Ville, sa famille qui attendait l'arrivée des troupes françaises sur
la place Stanislas.

Dans l'intervalle, entre l'écrit de Polytechnique et l'oral. j'appris que j'étais
reçu second à l'École Normale. A cette
époque, la centralisation était moindre
qu'aujourd'hui : les examinateurs de
l'École Polytechnique se déplaçaient : ils
venaient à Nancy fin août. Nous pas-
sâmes nos examens. Nous avions entre
autres, comme examinateur, un Alsacien,
l'ingénieur Moutard, sorti dans les premiers de l'École Polytechnique, qui avait
eu le beau courage de briser sa carrière,
en 1852, plutôt que de prêter un serment
de fidélité à un régime dont le fondateur
avait violé le sien.

Je n'aurais rien de nouveau à dire des

vacances si nous n'avions pas fait, du Klingenthal, une expédition que je dois raconter. Picquart venait d'être reçu à Saint-Cyr ; il passait quelques jours chez ses cousins Gast. Nous avions chez nous mon ami Jules Stroebel. Nous étions tous sous le charme d'Erckmann-Chatrian ; nous étions particulièrement pénétrés de son beau livre sur l'invasion, sur la guerre des partisans dans la montagne, sur la défense du Grossmann, du Schneeberg et du Donon. Picquart nous fit accepter le programme de visiter les sites où avaient combattu les héroïques défenseurs de la France, d'aller à pied du Klingenthal au Donon, en suivant les crêtes à partir du Schneeberg et de revenir le lendemain par Grendelbruch. Nous partîmes de bon matin, Picquart, les deux

Gast, Stroebel et moi. Il fallut marcher
rapidement, pour être à midi à la maison
forestière du Nideck. Après le dîner de
midi, nous montâmes au Schneeberg;
puis, d'après les indications de la carte,
nous nous dirigeâmes vers le Donon, en
suivant les crêtes. Mais nous dûmes marcher jusqu'à la nuit, nous guidant sur les
étoiles, comme les marins de l'odyssée,
et, vers onze heures du soir, nous arri-
vâmes à Grandfontaine, pauvre village sur
le flanc du Donon, où nous trouvâmes une
pauvre auberge et un souper à peu près
nul. Le lendemain matin, nous fîmes l'as-
cension du Donon, montagne située dans
la partie annexée, contre la frontière
d'alors, d'où l'on voit les deux côtés des
Vosges. Sur le sommet nous rencontrâmes
un général allemand, triste image de

l'occupation de l'Alsace par nos vainqueurs. Nous rentrâmes au Klingenthal,
dans la journée, éclopés mais très fiers.

Au mois d'octobre, la liste de Polytechnique parut. J'étais troisième. Alors
vint le problème difficile de choisir. Les
gens posés de Strasbourg me poussaient
vers l'École Polytechnique ; je sentis que
ma mère préférait l'École Normale Supérieure. Elle pensait au temps où elle pourrait venir vivre avec moi, et elle s'effrayait
des changements qui peuvent se présenter
dans une carrière militaire. Mon ami Butterlin, qui connaissait mes goûts mieux
que personne, me conseilla aussi de choisir l'École Normale. C'est ce que je fis.

La rentrée à l'École étant fixée au
2 novembre, ma mère décida de me con-
duire à Paris.

CHAPITRE X

L'ÉCOLE NORMALE SUPÉRIEURE
(1873-1876)

Le voyage de Strasbourg en France
était alors particulièrement pénible pour
les Alsaciens : on voyageait en Allemagne
jusqu'à Avricourt, où se trouvait repor-
tée une frontière qui était autrefois le
Rhin. Les Allemands construisaient une
gare orgueilleuse à Avricourt-allemand ;
il y avait une compagnie de chemin de
fer d'Alsace-Lorraine ; la compagnie de
l'Est, qui allait autrefois à Strasbourg,
s'arrêtait à Avricourt. On y changeait de
train ; on y passait la douane ; un gen-

darme allemand demandait leurs papiers
aux jeunes gens. La voie était très abî-
mée; pendant toute la guerre, les Allemands avaient pu s'en servir pour transporter leurs canons, leurs munitions,
leurs vivres, leurs hommes, presque sous
les murs de Paris. Mac-Mahon avait
négligé de faire sauter le grand tunnel
dans la traversée des Vosges ; cette négli-
gence nous coûta cher ; le gouvernement
de la défense nationale chercha à la réparer par des missions secrètes, qui ne
réussirent pas à cause de la surveillance
allemande.

Ma mère me conduisit directement à
l'école ; elle voulut tout voir de mon
installation : les dortoirs, le réfectoire,
les études. Elle s'en retourna satisfaite.
Les premiers jours furent employés à

faire connaissance avec mes camarades, parmi lesquels je retrouvai Marchal, du lycée de Strasbourg. Un élève démissionna, et nous vîmes arriver un nouveau, Sauvage, qui peu à peu devint pour moi un très bon ami. Nos anciens nous reçurent dans une cérémonie burlesque, qui existe encore, appelée *Canularium*. Chaque conscrit était, cette année là, obligé de grimper sur le poêle de l'étude, et de mettre une coiffure ridicule, avant de recevoir son paquet de plaisanteries. Quand ce fut mon tour, je grimpai sur le poêle, et quand on voulut me coiffer, tous les élèves s'écrièrent : « Non, laissez-le, c'est un Alsacien. » J'en fus très touché, et je le fis savoir à més amis à Strasbourg, qui furent extrêmement sensibles à cette marque de sympathie venant d'une des pre mières écoles de France ; cela nous consolait de la stupidité grossière de certaines personnes peu instruites, qui traitaient les Alsaciens de Prussiens, à cause de leur accent.

Le temps me parut long jusqu'à l'ouverture des cours de la Sorbonne, où nous allions suivre deux fois par semaine le cours d'analyse infinitésimale de Serret, et deux autres fois le cours de chimie de Sainte-Claire-Deville. A l'école, nous avions des conférences de Bouquet pour les mathématiques et de Troost pour la chimie, conférences qui étaient en réalité des interrogations et des répétitions sur les cours magistraux.

Nous entrâmes en rapport avec nos camarades littéraires qui, ayant tous leurs cours à l'école, enviaient nos sorties et nous donnaient des commissions.

Les événements politiques nous préoccupaient. L'école était franchement libérale. Nous lisions avec passion *le XIXe siècle* fait par nos anciens, About et Sarcey, et *le Rappel* qui se réclamait du patronage de Victor Hugo. Notre directeur, Bersot, avait l'aspect d'un abbé de cour ; c'était un fin philosophe, un érudit discret, d'un caractère inébranlable. Il était vraiment notre chef ; nous l'estimions et nous l'aimions tous. A un moment donné l'école fut menacée ; notre directeur sut résister et nous communiquer sa sérénité.

En ces temps reculés, les universitaires signaient un engagement de servir dix ans dans l'enseignement public. Ils étaient alors dispensés de tout service militaire. Néanmoins, nous faisions l'exercice à l'école ; le directeur avait un arrangement avec l'autorité militaire. Nous apprenions le maniement d'armes, l'escrime à la baïonnette ; nous étions prêts à partir, si le relèvement de la France l'avait exigé. Nous avions devant les yeux l'exemple de nos anciens qui s'étaient engagés en 1870-1871, et dont les deux caciques généraux, Burdeau et Charve, avaient été décorés.

Ce que l'école présentait de remarquable, c'était la camaraderie la plus complète : tous se tutoyaient ; les différences d'origine et de milieu étaient abolies. Le concours avait réalisé l'égalité, résultat qui nous semble tout naturel, mais qui, paraît-il, frappe beaucoup les Anglo-Saxons.

C'était le temps de la vieille licence :

nous devions obtenir dans les deux premières années les deux diplômes de
licencié ès sciences mathématiques et de
licencié ès sciences physiques. Comme
élèves de l'école, nous avions un privi-
lège : pour ne pas faire une année
uniquement de mathématiques et une
deuxième année uniquement de sciences
physiques, nous passions en fin de première année la moitié de la licence ès
sciences mathématiques, portant sur le
calcul infinitésimal, et la moitié de la
licence ès sciences physiques, portant sur
la chimie. A la fin de la seconde année,
nous passions les deux autres moitiés :
pour les mathématiques, la mécanique et
l'astronomie; pour les sciences physiques, la physique et la minéralogie. Les
deux premières années dans la section

des sciences étaient ainsi consacrées à la licence ; la troisième était l'année d'agrégation. Dans la section des lettres, la première année était l'année de licence, la seconde était une année d'études libres, celle que nos camarades préféraient et que nous appelions en plaisantant l'*année du génie* ; la troisième année était l'année d'agrégation.

En deuxième année, je devins bibliothécaire en second pour les sciences ; on me remit une clef de la bibliothèque et je fus placé sous les ordres d'un chef, que je vis une fois dans l'année. J'aimais beaucoup m'isoler dans les livres, aux heures où la bibliothèque était fermée. Mais mon nouveau poste présentait un autre avantage : nous étions obligés de nous lever de très bonne heure ; le matin, j'allais m'enfermer dans la bibliothèque où je pouvais achever paisiblement ma nuit, étendu par terre avec un gros livre pour oreiller.

En troisième année, les conférences de l'école étaient destinées à former des professeurs. A l'extérieur, nous suivions les cours que nous voulions, avec limitation du nombre des leçons par semaine. J'avais choisi l'agrégation de mathématiques. Nous avions comme maîtres de conférences Briot, Bouquet et Darboux. Les deux premiers nous faisaient faire des leçons pour apprendre à parler. Les sujets étaient pris souvent en dehors des matières de l'examen ; certains de nos camarades prétendaient même que Briot et Bouquet ne connaissaient pas le programme ; je pense, plutôt, qu'ils faisaient exprès de ne pas préparer servilement un examen qui, sans cela, serait devenu un exercice de mémoire plus qu'une épreuve de culture et de formation. Quant à Darboux, il était chargé de nous enseigner les compléments scientifiques. Il nous faisait des conférences pleines d'intérêt sur des sujets alors nouveaux : la théorie des formes algébriques, les déterminants, les applications des coordonnées trilinéaires, etc. Tout cela était fort au-dessus du programme d'agrégation, et, un jour, les mêmes camarades, qui formaient la majorité de la section, m'envoyèrent comme chef de section ou cacique, chez le sous-directeur, Bertin, pour lui signaler le fait : Bertin ne voulut rien entendre ; il me démontra, et il prêchait un converti, que Darboux prenait, précisément, le meilleur moyen, pour nous mettre à même de subir les épreuves d'un concours à la fois professionnel et savant.

Dans le courant de l'année, j'eus la fièvre typhoïde. Je n'en parlerais pas, si ma chère maman n'y était pas mêlée. Un matin de février, j'avais à faire une leçon de géométrie descriptive. Je me réveillai avec un grand mal de tête, que je pris pour la migraine. Je fis ma leçon tant bien que mal; puis je me rendis à l'infirmerie, où je perdis connaissance. Le médecin reconnut la fièvre typhoïde, et un télégramme fut envoyé à ma mère pour lui dire que j'étais très malade, qu'elle devait venir à Paris et passer chez le directeur avant d'aller à l'infirmerie. Ma mère me crut mort. Elle partit sur-le-champ ; elle fit un voyage terrible, en priant tout le temps. Arrivée à l'école, chez Bersot, elle apprit que je vivais encore, et fut envoyée à l'infirmerie, où je sortis du délire pour la reconnaître. Ma mère fut installée à côté de moi, et, pour les vacances de Pâques, elle put m'emmener en convalescence à Strasbourg.

Avant de tomber malade, j'avais commencé un travail de géométrie, dont j'osai parler à Bouquet à un bal de l'école. Après avoir vu mon manuscrit, Bouquet m'engagea à présenter mon travail comme thèse à la Faculté des sciences. Pendant ma convalescence, je pus à loisir rédiger mon mémoire, et, au retour, je soutins ma thèse de doctorat devant un jury composé de Puiseux le père, de Bouquet et d'Ossian-Bonnet.

En juillet et août, ce fut le concours d'agrégation, pendant lequel je me traînais de fatigue. Tout finit heureusement vers le 15 août, et je retournai en Alsace, au Klingenthal, où les promenades, le bon air des forêts, les chasses avec mes amis Gast et avec mon frère me remirent complètement.

J'avais fait de nouveaux amis parmi les conscrits : d'abord Emile Picard, le cacique de la promotion, puis Lacour, mort professeur à l'Université de Rennes, Guigon, retraité comme proviseur et Chappuis, aujourd'hui professeur à l'Ecole centrale, qui, avec Sauvage, mort professeur à l'Université d'Aix-Marseille, devinrent mes compagnons habituels.

A la rentrée de 1876, j'eus la surprise d'apprendre que le Directeur, d'accord

avec Pasteur qui habitait l'école et avec
les maîtres de conférences de mathématiques, me réservait une chambre rue
d'Ulm, pour que je puisse encore travailler à Paris. Je passais là une année très
importante dans ma vie, sans autre occupation que le travail, les longues lectures
à la bibliothèque, les cours d'Hermite et
de Briot à la Sorbonne, de Joseph Bertrand et de Maurice Lévy au Collège de
France.

Je passai mes vacances à Strasbourg.
Mon frère avait alors une part de chasse
dans la banlieue de la ville. Grâce aux
lois allemandes qui distinguent entre le
droit de chasse et le droit de propriété,
la chasse en plaine en Alsace était admi-
rablement abondante. Le dimanche, en
compagnie de bons bourgeois de Stras-

bourg, nous battions la banlieue avec la cathédrale et l'église Saint-Thomas sous les yeux. Nous tuions à dix une centaine de lièvres et autant de perdreaux, dont la plupart étaient aussitôt portés au marchand de gibier de Strasbourg. Je passais alors une partie de mes vacances en ville. Dans la semaine, quand mon frère avait un invité, il prenait le tramway avec son fusil et son chien, et allait tirer un lièvre, avec deux ou trois perdreaux, pour le dîner.

Les Allemands montraient une grande puissance d'organisation. Ils froissaient journellement les Alsaciens dans leurs traditions démocratiques, dans leur amour de la liberté, dans leurs sentiments français ; mais s'ils ne comprenaient pas leur âme, ils soignaient leur corps. Ils

organisèrent de façon très pratique les
postes, les chemins de fer, les retraites
ouvrières, les bains destinés au peuple ;
ils refirent complètement la gare de
Strasbourg, qui devint une des plus belles
d'alors dans l'Europe entière. Ils agran-
dirent la ville ; nous pûmes constater là
comment les Allemands voyaient grand ;
d'un seul coup, ils doublèrent la surface
de Strasbourg : ils démolirent les vieux
remparts de Vauban, sauf du côté de la
porte de l'hôpital, et ils firent une nouvelle enceinte fortifiée englobant l'Oran-
gerie et le Contades. A cette époque, il
restait même des champs dans la nouvelle enceinte, et mon frère disait qu'il
connaissait une compagnie de perdreaux
en ville. Tous ces terrains furent bâtis
peu à peu ; les Allemands construisirent

l'Université avec des Instituts séparés, sur les terrains militaires, à côté de l'ancienne porte des Pêcheurs ; ils construisirent par la suite le palais impérial, le palais de la délégation provinciale, la bibliothèque, la nouvelle poste, etc...

Le joug des vainqueurs se faisait sentir plus lourd chaque jour, mais la politique de la main de fer n'avait pas encore pris le dessus. Les Allemands espéraient amener à eux, peu à peu, les Alsaciens, par le développement de la prospérité matérielle : ils se trompaient. Les premières élections des candidats de protestation le montrèrent.

Butterlin continuait ses études juridiques à l'Université ; il voyait de près les étudiants allemands, et les aimait de moins en moins. Il me racontait les prouesses d'un d'entre eux qui allait, tous les matins, à la taverne alsacienne prendre dix chopes de bière Gruber. Ce fut l'époque où s'ouvrirent à Strasbourg des débits de bière bavaroise, autrefois inconnue. Nous avions à Strasbourg, avant 1870, une bière locale, un peu épaisse, que tous les Strasbourgeois déclaraient excellente. Mon père n'en aurait pas voulu d'autre, et je me rappelle avec quel dédain il avait repoussé les premiers essais de Gruber qui devait cependant fabriquer plus tard la bière en quelque sorte nationale, que les Alsaciens opposaient aux boissons de Munich et de Nuremberg. Je dois avouer cependant que nous allions le soir boire de la bière de Bavière à la brasserie du Luxhoff, où nous avions de longues discussions, sur la culture française opposée à la culture germanique.

Tous les Alsaciens approuvaient les efforts faits en France pour rendre l'enseignement obligatoire, pour développer le sentiment de la liberté et de la responsabilité dans les masses, pour encourager les découvertes scientifiques, pour reconstituer l'armée et la marine. Nous sentions que l'Allemagne était inquiète du relèvement de la France, et qu'elle était pressée de l'arrêter avant que le monde civilisé eût compris le danger commun.

CHAPITRE XI

A l'automne de 1877, ma mère se décida à venir vivre avec moi. Elle amenait de Strasbourg notre domestique Catherine, que nous avions depuis 1865, et qui devait rester avec nous jusqu'à la mort de ma mère.

Je fus alors nommé répétiteur à l'Ecole des Hautes Etudes, aux appointements annuels de 1 800 francs. Je faisais à la Sorbonne les conférences d'analyse aux candidats à la licence, tandis qu'Émile Picard, répetiteur dans les mêmes conditions, leur faisait les conférences de méca-

nique. Nous prenions les étudiants deux
fois par semaine ; nous les interrogions sur
le cours ; nous leur donnions des devoirs
que nous corrigions ensuite ; nous faisions
faire des exercices au tableau. Cette institution était très utile pour les mathématiques, comme pour tout, je pense ; suivre
des cours, les apprendre, est un exercice
facile qui ne développe ni l'initiative, ni
l'intelligence : il importe que les auditeurs
d'un cours de mathématiques fassent des
problèmes et que ceux des cours de sciences expérimentales aient des interrogations
et fassent des travaux de laboratoire. Ce
besoin évident fut la raison de la création
des maîtrises de conférences, dans les
Facultés des Sciences. Emile Picard et
moi fûmes, en 1878, nommés maîtres de
conférences en conservant les mêmes

fonctions. On nomma, en même temps, des maîtres de conférences pour les sciences expérimentales ; on créa également des postes de maîtres de conférences dans les Facultés es Lettres.

Au début, les maîtres de conférences étaient jeunes et récemment sortis de la situation d'étudiants. Ils servaient de trait d'union entre les professeurs et les élèves, et se limitaient à leurs fonctions de répétiteurs. Mais peu à peu, l'institution dévia : par défaut d'avancement possible, les maîtres de conférences vieillirent et se lassèrent de leur rôle modeste. D'accord avec les professeurs, ils se mirent à faire à leur tour de l'enseignement, et aujourd'hui il faudrait, dans les Universités, tout un personnel de moniteurs et de répétiteurs qui trouveraient

plus tard un débouché dans l'enseignement supérieur ou dans l'enseignement
secondaire.

Nous retournions chaque année, au
mois d'août, au Klingenthal. Nous re-
trouvions une Alsace de plus en plus
opprimée moralement, de plus en plus
développée matériellement.

Revenant à Paris en octobre 1879,
j'appris que le Ministre voulait nous
envoyer, Emile Picard et moi, comme
chargés de cours dans des Facultés des
départements. Cela ne nous convenait
pas du tout. Emile Picard vivait, comme
moi, avec sa mère ; nous ne voulions,
ni l'un ni l'autre, quitter Paris, où nous
étions bien installés et où nous trouvions
tous les éléments de travail. Mais dans
ce temps-là, les nominations se faisaient

suivant les besoins du service et non suivant les convenances des fonctionnaires;
c'est d'ailleurs la seule méthode raisonnable. Aussi fûmes-nous nommés, Emile
Picard à Toulouse, et moi à Dijon.

Un des grands torts des Français, dans
ces vingt dernières années, a été de para-
lyser l'autorité d'une façon complète. A
force de vouloir ménager les intérêts particuliers, on en est arrivé à empêcher le
fonctionnement régulier de la machine
administrative. Evidemment, il faut éviter
partout le pouvoir personnel, il faut faire
juger les fautes par des commissions
jouant le rôle de tribunaux avec une
représentation des pairs du fonctionnaire
poursuivi : mais la composition de ces
tribunaux et la procédure suivie doivent
être réglés de façon que les jugements

soient rendus au mieux des intérêts du
service, c'est-à-dire au mieux des intérêts
de la nation qui paie les fonctionnaires.

Me voici donc à Dijon, chargé du cours
de mécanique rationnelle de la Faculté
des Sciences. J'avais cinq élèves qui travaillaient bien ; je m'occupais d'eux ; je
leur donnais des devoirs ; je cherchais à
développer leur activité scientifique. En
dehors d'une interrogation au Lycée,
j'avais tout mon temps à moi. Aussi, dans
ma carrière de professeur, n'ai-je jamais
travaillé autant qu'à Dijon.

Nous allions toujours en vacances au
Klingenthal en passant par Belfort. Les
Allemands devenaient de plus en plus
arrogants et maladroits. Ils prenaient
les habitants à rebours, essayant de les
effrayer, ce qui ne réussit avec aucun

peuple, ce qui ne pouvait réussir avec des gens férus de leur dignité comme les Alsaciens. On se racontait leurs brutalités ; on se délectait de leur sottise. En 1880, je vis encore les Gast au Klingenthal, mais ce fut la dernière fois ; leur père vendit sa propriété en 1881 et s'installa complètement à Versailles.

En novembre 1881, après mon mariage, je revins à Paris comme maître de conférences à l'Ecole Normale. Je devins ensuite professeur à la Faculté des Sciences.

Ma vie s'écoulait tranquille entre mon enseignement, mes travaux mathématiques et mes séjours de vacances en Alsace, où je retrouvais une pression germanique de plus en plus rude. Les progrès matériels avaient continué : mais on sentait, derrière eux, la volonté constante du

maître décidé à briser toutes les résis-
tances. A la mort de Guillaume Ier, les
méthodes à tendance conciliatrice furent
abandonnées, à cause de leur insuccès, et
remplacées par la méthode Bismarckienne
qui était vouée à un insuccès plus grand
encore. Le régime des passeports auquel
il fallut se soumettre, la rage au fond du
cœur, fut établi ; l'enseignement du français fut sévèrement interdit, malgré les
vœux répétés de la délégation provinciale ;
des maires de carrière furent nommés ;
le français fut défendu dans les affiches
et annonces des magasins, dans les
discours, même dans les discours faits au
cimetière, sur les drapeaux des associations ; l'affaire Schnæbelé apparut à tous
comme une provocation. J'ai connu,
dans cette période, des Alsaciens devenus

officiers en France, auxquels avait été refusée l'autorisation de venir en Alsace assister à l'enterrement de leur père. Des centaines d'hommes étaient sévèrement punis en correctionnelle pour avoir crié : « Vive la France ». Aussi, les élections de 1887 furent-elles protestataires : un homme du Klingenthal me raconta comment le nom du docteur Sieffermann fut, quelques jours avant le scrutin, colporté dans toutes les communes d'une façon mystérieuse et comment le docteur, ancien médecin-major des légions alsaciennes de Lyon, avait été élu à une immense majorité contre le baron de Bulach. Ces élections exaspérèrent nos oppresseurs, et, en 1888, se produisit un événement terrible pour notre famille.

CHAPITRE XII

ARRESTATION, PROCÈS ET CAPTIVITÉ

DE CHARLES APPELL

Un matin de 1888, je rencontrai mon camarade Marchal, qui m'annonça l'arrestation de mon frère Charles à Strasbourg. Je n'en savais rien, n'ayant pas encore lu les journaux. J'ai connu beaucoup plus tard les conditions dans lesquelles cette arrestation s'était faite : la police allemande voulait prendre le même jour mon frère et ceux qu'elle regardait comme ses complices : Geisen et Streisguth ; elle les arrêta tous trois à la même minute. Geisen était commis dans une assurance ; les agents se présentèrent au bureau et l'invitèrent à les suivre ; il eut le temps de dire à un collègue de courir avertir Appell ; mais, quand le collègue arriva chez nous, Charles était déjà arrêté.

Les nouvelles de Strasbourg me surprirent, mais ne m'étonnèrent point ; j'étais inquiet depuis longtemps. Un jour, dans une chasse au Heidenkopf, Fernand de Dartein avait parlé à mon frère des services qu'il pourrait rendre à la cause française en Alsace, par sa connaissance des hommes et du pays, par son expérience et par son courage. Mon frère avait accepté cette idée avec enthousiasme. Il fut mis par Fernand de Dartein en rapports avec le chef du bureau des renseignements au ministère de la

Guerre français. Que de fois m'a-t-il donné à Strasbourg, au moment où je prenais le train, des lettres mystérieuses affranchies d'un timbre français, que je devais mettre à la poste à Paris. J'ai su depuis que d'autres de nos amis avaient été chargés de lettres analogues. Aucune n'est jamais tombée dans des mains ennemies. Des communications analogues se faisaient dans les grandes chasses en montagne du côté du Donon, avec l'aide de gens de la frontière. Au moment de l'affaire Schnæbelé, je fus chargé d'envoyer un télégramme à mon frère pour le faire venir à Paris sous un prétexte quelconque. Mon frère arriva le lendemain et se rendit au ministère. Le soir, il reçut chez nous, rue Soufflot, la visite du chef du bureau des renseignements. Après le départ de l'officier, mon frère me fit part de ses craintes, au sujet de l'organisation française : « Rien n'est prêt en France, disait-il ; le chef du bureau des renseignements ayant engagé tous ses fonds pour soutenir de petits journaux patriotards, comme l'*Anti-Prussien*, me demande de continuer à lui avancer pour quelque temps les fonds destinés à payer les gens en Alsace. Ils sont affolés au ministère ; quelle différence avec le calme et la méthode des Allemands ! »

J'ai appris plus tard, par Clemenceau lui-même, que le général Boulanger lui avait dit : « Demain, l'armée française entre à Mulhouse », et comme Clemenceau lui disait : « Mais après ? » Boulanger lui répondit : « Après, si cela ne va pas, je me brûle la cervelle. » Heureusement pour la France et pour l'Alsace que le vieux juriste Grévy put arranger l'affaire.

Mon frère retourna à Strasbourg, après s'être mis d'accord avec le fameux bureau. Ce dernier détail, j'étais seul à le connaître ; mais le fait qu'il y avait une sorte de conspiration, que Charles Appell en était le chef, se trouvait connu de beaucoup de patriotes ; une imprudence commise à Paris fit tout connaître aux Allemands ; le chef du bureau des ren-seignements ayant affaire à un espion alsacien, qui servait aussi les Allemands, crut à sa sincérité et lui dit dans un mo-ment d'expansion : « Vous pouvez agir avec confiance ; nous avons à Strasbourg des amis comme Appell, Geisen, Streis-guth. » L'autre avertit les Allemands, qui ouvrirent une enquête, découvrirent

de menus faits, trouvèrent notamment
qu'un mécanicien des chemins de fer
d'Alsace-Lorraine avait transporté des
pièces militaires en France, et décidèrent
d'arrêter les Alsaciens suspects, tant pour
les actes qu'ils connaissaient que pour
faire un exemple retentissant.

Après plusieurs jours de prison préventive, Geisen et Streisguth furent
expulsés et mon frère fut retenu. Mais les
policiers allemands ne trouvaient pas
grand'chose ; ils employèrent des moyens
enfantins pour se procurer des preuves.
Un jour, ma belle-sœur vit arriver un
agent déguisé en ouvrier maçon ; cet
homme lui dit qu'il travaillait à la prison, que M. Appell l'avait chargé de
demander à sa femme tous ses papiers
afin de les détruire ; ma belle-sœur

répondit naturellement qu'elle n'avait aucun papier à détruire. Quelques jours après, ce fut un soldat allemand d'origine alsacienne qui se présenta comme ayant été de garde à la prison et qui lui fit, sans plus de succès, une communication du même genre.

Charles m'a raconté, plus tard, que cette période de prison préventive avait été, pour lui, une véritable torture, avec des pièges et des mensonges comme celui qui consistait à dire que Geisen ou Streisguth avait tout raconté. Finalement, Charles fut traduit devant la Cour de Leipzig, pour crime de haute trahison envers l'empire allemand. Afin de corser le procès, on poursuivit en même temps le mécanicien, agent rétribué, qui avait transporté des pièces d'une autre provenance.

Je décidai d'aller soutenir mon frère de ma présence à Leipzig. Mon ami Lacour, qui était alors professeur de spéciales au lycée Saint-Louis, prit un congé, pour me tenir compagnie dans des circonstances aussi pénibles.

Charles avait cru bon, d'après des conseils d'amis de Strasbourg, de prendre un avocat allemand. Je vis cet avocat avant le procès, mais je fus immédiatement très mécontent ; en bon Allemand, il n'avait qu'une idée : justifier par avance le jugement du tribunal d'empire et me persuader que des juges allemands ne se laisseraient guider que par des raisons juridiques.

Désirant voir mon frère avant le procès, j'écrivis au procureur impérial pour lui demander l'autorisation nécessaire ; je crois ne jamais avoir écrit aussi bien, au point de vue calligraphique. La permission vint, et je me rendis à la prison, où le directeur me dit que, d'après les règlements, je ne pourrais voir mon frère qu'en sa présence, sous la condition de parler allemand ; il ajouta, c'était un brave homme, qu'il avait déjà vu beaucoup d'Alsaciens poursuivis et qu'il ferait pour mon frère tout ce qui serait possible régulièrement. Je lui promis de parler alsacien, et je fus mis en présence de Charles, dans le cabinet du directeur. Je trouvai mon frère très changé : il était amaigri ; il avait les traits tirés et le regard triste ; je fus frappé de la couleur de sa barbe qui, de blond fauve, était devenue presque noire. Naturellement, je ne dis rien et nous parlâmes de choses, en apparence indifférentes, de Strasbourg et du Klingenthal.

Le procès avait lieu le lendemain. Je n'y assistai pas ; j'allai avec Lacour passer la journée à Dresde. Le soir, nous apprîmes que le tribunal avait remis son jugement à huitaine, et je partis pour Paris, sans avoir revu Charles.

Tout le temps de mon séjour à Leipzig, je fus accueilli avec une sympathie affectueuse, par un grand mathématicien norvégien, le professeur Sophus Lie, que l'Université de Leipzig avait appelé à elle. Sophus Lie m'invita même à dîner, ce qui fut un acte de courage de sa part.

Huit jours après, arriva la condamnation : un an de prison et neuf ans de forteresse. Le jugement rendait hommage à l'amour de mon frère pour la France, *son ancienne patrie*. Charles fut envoyé d'abord dans une prison cellulaire, à

Cottbus, bourgade située entre Berlin et Dresde. Il s'y trouva avec des condamnés de droit commun ; il fut soumis, comme eux, au régime du silence et de l'isolement ; l'exercice physique consistait en une promenade, en file indienne, autour d'une. cour.

Pendant les grandes vacances de 1889, nous allâmes, ma femme, mon ami Edmond Gast et moi, voir le prisonnier à Cootbus. Je l'avais prévenu par lettre. Nous le vîmes de nouveau en présence du directeur. Il était très soigné de sa personne ; il mettait visiblement toute son énergie à ne pas se laisser aller au découragement. En nous embrassant, il trouva moyen de nous dire que nous pouvions acheter le *Hausvater*, espèce de dépensier surveillant ; nous allâmes voir le personnage et l'invitâmes à venir le soir causer avec nous à la gare. Là, je lui offris carrément cinq cents marks en or, pour qu'il laissât mon frère s'acheter quelques douceurs, un peu de viande, un peu de vin. Il accepta sans protester, et il tint parole, en fermant les yeux à propos.

Au bout d'une année, mon frère fut envoyé à Magdebourg pour y faire les neuf ans de forteresse. Nous lui avions envoyé, Gast, Geisen et moi, des détails sur la vie de forteresse et un dessin de la maison où logeaient les détenus, dessin que j'avais pu me procurer par l'intermédiaire d'un Alsacien autrefois condamné à la peine de forteresse. Dans l'Allemagne impériale, la forteresse était une peine d'un caractère en quelque sorte noble, infligée surtout à des officiers, pour dettes criardes, pour duels suivis de mort, pour mauvais traitements envers les hommes, etc. Les prisonniers habitaient, dans la citadelle de Magdebourg, une petite maison, entourée d'une palissade, avec une cour allant jusqu'aux remparts et servant de promenade à certaines heures réglementaires ; la palissade avait une porte, gardée par une sentinelle ; une fois cette porte franchie, il fallait, pour sortir de la citadelle, passer devant le poste qui gardait l'entrée. Chaque prisonnier avait à son service, pour un certain nombre d'heures par jour, un soldat faisant fonction d'ordonnance. La maison des détenus était sous la surveillance journalière d'un sous-officier, dont la situation était difficile, parce qu'il devait appliquer le règlement à des officiers.

Mon frère fut content d'en avoir fini avec la prison ; il fut emmené, de Cottbus à Magdebourg, par deux gardiens qu'il grisa en route et qu'il amena à la citadelle. Il était bien convenu que, sauf le cas de guerre franco-allemande, il ne chercherait pas à s'évader : il aurait été infailliblement repris et sévèrement condamné. On lui assigna au second, sous le toit, une chambre avec, à côté, un petit cabinet en soupente. Pendant les rudes hivers de Magdebourg, cette chambre était terriblement froide, malgré un poêle qui la chauffait le jour. Nous fîmes faire, à Charles, une reproduction coloriée d'un portrait de lui, en lieutenant de la légion alsacienne, à Lyon, en 1870. Ce portrait, qu'il accrocha dans sa chambre, lui valut la considération des officiers allemands

qui plaçaient, au-dessus même de la
nationalité, la qualité d'officier. Ayant en
perspective neuf ans de séjour, mon frère
s'installa du mieux qu'il put. Il hérita
de quelques meubles et de quelques livres
qu'un Alsacien, son prédécesseur, lui
avait laissés en partant. Il réussit à se
faire bien venir du sous-officier allemand
qui surveillait la maison, en faisant des
cadeaux à ses enfants et en donnant des
recettes culinaires à sa femme. Les officiers n'étaient généralement prisonniers
que pour deux, trois, six mois au plus ;
souvent ils étaient graciés. Plusieurs
d'entre eux, et non des moins nobles,
étaient surtout, en dehors de leurs heures
de sorties, préoccupés de manger et de
boire. Il y avait là notamment un capitaine très riche qui, tous les soirs, faisait

mettre à côté de son lit des bouteilles de bière et un tonnelet d'anchois ; quand il se réveillait, il mangeait un anchois et buvait une bouteille. Un soir, un officier qui avait trop bu, entra brusquement chez Charles l'épée à la main, s'écriant qu'il fallait exterminer les Français ; mon frère n'eut pas de peine à lui arracher son épée et à le mettre dehors, en fermant la porte à clef. Le lendemain, il vit arriver le même officier, tout penaud, lui expliquer que la veille il n'avait plus sa raison, et le supplier de lui rendre son épée, dont la perte le déshonorerait aux yeux de tous ses camarades ; l'épée lui fut rendue. Mais c'était là une exception : la plupart des officiers étaient courtois et bien élevés. Charles, pour se distraire, entreprit de transformer la cour en jardin : il fit des pelouses et des allées, planta des arbres et réussit à empêcher les plus jeunes officiers à passer sur les gazons. Le général, que tous appelaient Excellence, vint même lui faire, à cet égard, des compliments, dont il se serait passé. Il redevenait collégien : comme il ne pouvait aller en ville qu'avec une autorisation du général et sous l'escorte d'un sous-officier, il cherchait les occasions de sorties, telles que le dimanche la grand'messe et dans la semaine des séances chez le dentiste. Le sous-officier qui l'accompagnait en ville, la première année, était terriblement myope et n'y voyait qu'avec des lunettes qu'il ne quittait jamais dehors ; Charles s'amusait de lui : « Je vais, lui dit-il un jour, vous arracher vos lunettes et me sauver ; vous ne me rattraperez jamais.

— Ne faites pas cela, M. Appell, répondit le bon homme, je perdrais ma place. »

Ma belle-sœur avait la permission de voir son mari tous les mois.

Depuis la condamnation de mon frère, l'Alsace m'était fermée ; l'autorité allemande me refusait régulièrement les passeports ou les permis de séjour. En 1890, j'eus la naïveté d'écrire de Paris au général commandant la place de Magdebourg, pour demander l'autorisation de voir mon frère au mois d'août ou de septembre. Cette autorisation me fut refusée. Charles me fit alors dire par sa femme comment je devais m'y prendre.

En 1891, j'allai directement de Paris à Magdebourg, et je me présentai à la Place, disant, avec preuves à l'appui, que j'étais professeur à Paris et que je venais

voir mon frère, détenu à la citadelle.
L'officier de service me donna une autorisation, avec laquelle je me dépêchai
d'aller à la forteresse. Je vis Charles; il
put me montrer son installation en détail
et nous causâmes tranquillement deux
heures environ. Mais alors nous vîmes
revenir l'officier qui m'avait donné l'autorisation; cet homme, visiblement très
ennuyé, nous dit qu'il avait dû faire rapport à Son Excellence et que celui-ci
l'envoyait avec ordre de me faire partir
immédiatement. Nous nous quittâmes
Charles et moi, sans rien laisser paraître.
J'ai su, par ma belle-sœur, qu'il avait
été, comme moi, malade de fureur.

L'année suivante, un autre général fut
nommé et, dès lors, je pus aller, tous les
ans aux grandes vacances, m'installer

pour un court espace de temps à Magdebourg et voir mon frère dans la journée.
Il arriva même que le général m'autorisa
à inviter Charles dans un restaurant de
la ville, avec, bien entendu, l'inévitable
sous-officier. Nous déjeûnâmes aussi gaiement que possible, puis, vers deux heures,
en traversant la ville, nous rencontrâmes
des troupes en armes, avec la musique militaire et une foule joyeuse qui suivait. Je
demandai au sous-officier ce qui se passait : *Sedan Feier* (la fête de Sedan)
fut la réponse. Et nous étions là, deux
pauvres Alsaciens, avec notre sous-officier
en uniforme. Malheureuse France ! Malheureuse Alsace ! fut notre exclamation.

Mon frère s'était intéressé beaucoup à
l'exposition universelle de 1889, à la
construction de la tour Eiffel, que les

Allemands admiraient sincèrement, et dont je lui envoyais des photographies successives. Il s'intéressait également au concours scientifique ouvert à Stockholm pour le soixantième anniversaire du roi de Suède, et il avait été heureux que deux Français eussent été couronnés.

Les années se succédaient. J'entrai à l'Académie des Sciences en 1892.

Peu après, sur les conseils d'un journaliste du *Temps*, j'adressai à l'empereur d'Allemagne un recours en grâce à l'insu de Charles. La rédaction fut aussi simple et aussi digne que possible; le recours fut signé par plusieurs des plus illustres savants français : Pasteur, Hermite, Poincaré, Joseph Bertrand entre autres. L'empereur ne daigna même pas y répondre! Il voulait probablement donner aux Alsaciens une terrible leçon.

En 1898, un an avant le terme légal de son emprisonnement, Charles fut assez gravement malade, pour que le médecin en chef de la citadelle demandât son renvoi dans sa famille. On fit alors une chose que les juristes de ma connaissance ont tous déclarée très rare : au lieu de le gracier, on se contenta de lui accorder une interruption de peine, en l'autorisant à se soigner chez lui, mais en lui laissant entendre qu'une fois remis il reviendrait. Le général, auquel il faisait ses adieux, lui dit en plaisantant : « Vous savez M. Appell, que votre chambre vous attendra. » A quoi mon frère répondit qu'il espérait bien ne jamais revenir. Il se soigna du mieux qu'il put, à Strasbourg et au Klingenthal ; mais sa santé était trop profondément atteinte : il déclinait lentement. Une de ses dernières sorties fut un voyage de Strasbourg au Klingenthal en 1902 pour l'enterrement de ma mère qui, morte à Paris, demanda à être enterrée dans le cimetière de son village natal, en face de la montagne. A partir de ce moment il dut garder la chambre, dans son appartement de la rue du Poumon, d'où il pouvait suivre la vie de la vieille cathédrale.

Il mourut en 1906, victime de la puissance de l'organisation allemande et de l'implacabilité des dirigeants allemands, sans grand espoir pour la délivrance de l'Alsace.

———————

CHAPITRE XIII

Le hasard a voulu que je fusse mêlé de près à l'affaire Dreyfus, affaire étrangement passionnante, dont les principaux acteurs furent Alsaciens : Dreyfus lui-même, le colonel Picquart, l'avocat Leblois, le vice-président du Sénat Scheurer-Kestner.

Cette affaire a troublé et agité le pays. Mais elle a fait le plus grand honneur à la France. Elle a montré que la raison d'État ne pouvait pas, dans notre pays, prévaloir contre le sentiment de la Justice ; elle a établi, une fois de plus, qu'entre deux sentiments respectables en conflit, c'est le plus universel, le plus humain, qui finit par l'emporter.

Quand Dreyfus fut arrêté et inculpé de trahison, ce fut dans la France entière un cri d'indignation et de douleur : un officier français, un ancien élève de l'École Polytechnique, avait profité de son séjour à l'État-major de l'armée pour livrer à l'Allemagne des secrets de la défense nationale. L'énormité même de l'accusation obscurcit le sens critique chez les plus perspicaces. Les Alsaciens étaient humiliés et meurtris que l'accusé fut un des leurs. La condamnation fut accueillie avec soulagement ; il n'y eut aucune protestation. Le condamné fut dégradé. Quelqu'un de ma famille qui l'entendit crier son innocence, fut profondément ébranlé ;

mais nous croyions alors tous à une sorte d'infaillibilité des tribunaux militaires. Picquart lui-même qui avait, par ordre du ministre, apporté aux juges réunis pour délibérer une enveloppe contenant des documents inconnus de l'accusé et de son défenseur, ne s'était pas rendu compte de la gravité de son acte et était persuadé, avec nous, de la culpabilité de celui que tous appelaient « le traître ». Dreyfus partit pour l'île du Diable. Le procès était clos ; tout fut bientôt oublié.

Vers le commencement du mois de juillet 1897, j'appris tout à coup que Picquart, alors chef du bureau des renseignements, avait acquis, à la suite de faits incontestables, la certitude d'une erreur judiciaire, la preuve de l'innocence de Dreyfus et de la culpabilité d'un autre,

un officier d'infanterie, le commandant
Esterhazy, d'origine hongroise. Je sus
que Picquart avait montré des documents
à un avocat, et qu'il possédait des lettres
d'un général, le pressant de faire éclater
la vérité. J'appris ensuite les doutes de
Scheurer-Kestner ; j'appris comment,
dans la nuit du 13 au 14 juillet, les révé-
lations qui venaient de lui être faites
l'avaient empêché de dormir ; j'appris
qu'il n'avait pas voulu s'engager, sur le
vu de l'écriture qu'on lui montrait,
comme étant celle de l'auteur du bordereau et qu'il avait voulu, lui-même, se
procurer un spécimen de cette écriture.
Après les vacances, Scheurer-Kestner
était fixé. Il manifesta le désir, commun
à tous les Alsaciens, de concilier la manifestation de la vérité avec l'esprit de

discipline, le respect des décisions de justice et la considération due au gouvernement. Il parla au ministre de la Guerre Billot, et crut un moment avoir gain de cause. Malheureusement pour le pays et pour le gouvernement d'alors, il y avait trop de gens intéressés à ce que l'innocence de Dreyfus ne fût pas reconnue : il y avait le véritable coupable et ses amis ; il y avait le bureau et les officiers qui s'étaient trompés ; il y avait enfin les partis politiques, qui avaient fait de la culpabilité de Dreyfus la base de leur action. Ces divers milieux firent marcher le ministère ; au lieu d'être heureux de pouvoir constater publiquement qu'il n'y avait pas eu de trahison de la part d'un officier d'état-major, d'un Alsacien, d'un polytechnicien, le gouvernement employa toute sa force pour soutenir les gens qui ne lui disaient pas la vérité. Un nombre très grand de personnes, constituant l'immense majorité des Français, furent trompées de bonne foi. Les hommes du bureau des renseignements furent obligés, pour soutenir leurs premiers mensonges, d'en faire d'autres et de produire des pièces fabriquées ; ils fortifiaient ainsi momentanément leur parti, mais fournissaient des armes terribles à ceux qui plaçaient la vérité au-dessus de tout, *super omnia veritas*. Duclaux me dit un jour : « Ces hommes sont comme des enfants qui veulent retenir de l'eau dans leurs mains. »

Je n'ai pas ici à refaire l'histoire de l'affaire, et j'arrive à la fameuse séance de la Chambre où Cavaignac fit, pour énumérer les charges qu'on lui avait indiquées contre Dreyfus, un discours dont la Chambre vota l'affichage, mais dont l'effet fut aussitôt détruit par une lettre de Picquart. Celui-ci fut arrêté par ordre de Cavaignac. Le discours attendit quelques jours avant d'être affiché. J'obtins l'autorisation d'aller voir Picquart dans sa prison de la Santé. Je le vis, comme un prévenu de droit commun, derrière un double grillage et en présence d'un gardien ; nous échangeâmes quelques paroles avec une entière confiance. En France, la vérité a toujours le dernier mot.

Je partis en vacances. C'est au Klingenthal que j'appris la découverte du faux Henry, les aveux d'Henry, puis son mystérieux suicide. C'était une nouvelle occasion d'en finir. Les ennemis de Dreyfus ne la saisirent pas. Néanmoins la revision du procès fut ordonnée; la chambre criminelle de la Cour de cassation fit son enquête; comme l'enquête était favorable à Dreyfus, et il ne pouvait pas en être autrement, Cavaignac et sa majorité imaginèrent de dessaisir la chambre criminelle, acte révolutionnaire qui constitue un précédent extrêmement dangereux. La loi fut modifiée; la Cour tout entière fut saisie; mais le résultat ne pouvait être différent: La vérité apparaît toujours aux chercheurs de bonne foi. La Cour, pour laisser à l'autorité militaire l'honneur de réparer l'erreur du premier Conseil de guerre, renvoya toute l'affaire devant un autre Conseil de guerre. Nouvelle occasion offerte ! Nouvelle faute ! Le second Conseil de guerre condamna,

mais non à l'unanimité. Pendant les
débats, un attentat mystérieux fut per-
pétré contre l'avocat Labori, défenseur de
Dreyfus. Son auteur ne fut jamais retrouvé. Après cette nouvelle condamnation, les possibilités juridiques parurent
épuisées. L'affaire fut rouverte sur une
intervention de Jaurès, avec l'appui de
Clemenceau ; une nouvelle revision fut
ordonnée. La Cour de cassation voulut
alors tout examiner elle-même. L'expert
Bertillon avait imaginé un système,
d'après lequel Dreyfus aurait écrit sur
une chaîne formée par la répétition indé-
finie du mot *intérêt* qui se trouvait dans
une de ses lettres ; comme cette chaîne ne
suffisait pas pour obtenir les coïncidences
désirées, il en avait imaginé d'autres,
qu'il faisait d'une couleur différente et

qui étaient obtenues par le glissement de
la première. Pour certaines coïncidences,
il s'appuyait sur le calcul des probabilités.
Il fut soutenu par des anonymes qui
publièrent une brochure, résumant tout
le système de Bertillon et contenant des
parties relatives à la photographie des
mots du bordereau approximativement
superposés à des mots de l'écriture de
Dreyfus. Cette brochure renfermait aussi
des raisonnements se rapportant à deux
encoches portées, l'une par le bordereau
et l'autre par une lettre de Mathieu
Dreyfus à son frère. La Cour, voulant
faire la lumière sur ces points, nomma
trois experts mathématiciens ; Henri
Poincaré, président de l'Académie des
Sciences, Gaston Darboux, secrétaire
perpétuel de l'Académie des Sciences, et

moi qui étais alors doyen de la Faculté des Sciences. Nous prêtâmes serment et fûmes mis en possession du dossier, au second étage de la Cour de cassation, sur le quai de l'Horloge. Nous ne cessâmes pas un instant d'être d'accord entre experts.

Je ne reviens pas ici sur notre rapport, qui a été publié et dont les conclusions ont été rédigées par Poincaré. Je dirai seulement que Bertillon nous fit l'effet d'un illuminé, que l'écriture d'Esterhazy se reconnaissait, du premier coup d'œil, identique à celle du bordereau, que le calcul des probabilités ne permettait aucune conclusion, enfin que les encoches furent expliquées de la façon la plus simple.

Encore un mot personnel. Mon ami Perrier, directeur du Muséum, m'avait dit un jour à l'Institut qu'il existait un

document accablant pour Dreyfus, annoté
de la main de l'empereur. Plus tard, je
lui proposai de le faire entendre par la
Cour de cassation. Il me déclara n'avoir
fait que répéter ce qu'on lui avait dit et
ne plus se rappeler qui le lui avait dit.

La Cour, pour en finir, cassa sans renvoi. L'affaire était terminée. De tous ces
débats, il résulta pour moi la conclusion
qu'il y a bien peu d'hommes comprenant
ce qu'est un fait, sachant qu'une opinion
ne peut changer ce qui est. Les Allemands
ont perdu la grande guerre parce qu'ils
avaient, dans leurs institutions, une confiance aveugle démentie par les faits.

Après l'arrêt de la Cour, la Chambre
renversa le ministère ; Clemenceau devint
président du Conseil ; il prit Picquart
comme ministre de la Guerre. Nous eûmes

alors un Alsacien à la Guerre ; nous en fûmes très fiers en Alsace et en particulier au Klingenthal. Au mois de janvier suivant, à la réception de l'Elysée, je défilai en robe avec le Conseil de l'Université devant le président Loubet et devant tous les ministres. Je serrai la main de Picquart et je lui demandai de ses nouvelles en allemand alsacien ; il me répondit dans la même langue ; sur quoi Clemenceau s'écria ; « Quelle langue parlez-vous là, c'est au moins du russe. »

Je revis quelquefois Picquart au ministère. Il tomba avec Clemenceau, puis fut envoyé comme commandant de corps d'armée à Amiens, où il mourut. On lui fit, à Paris, des obsèques solennelles ; j'y représentai l'Institut, avec le professeur Chavannes, du Collège de France.

CHAPITRE XIV

Le 10 juin 1890, M. de Caprivi déclarait au Reichstag : « C'est un fait
qu'après dix-neuf années d'annexion,
l'esprit allemand n'a fait aucun progrès. »
A partir de 1892, je constatai le développement d'un esprit nouveau en Alsace. Je
n'avais plus guère de renseignements précis autres que ceux que donnaient les
journaux. Butterlin était mort ; tous mes
amis étaient en France ; mon frère était
en forteresse. Tout au plus pouvais-je
avoir quelques détails sur Strasbourg,

sur l'Alsace, par un mathématicien alsacien Molk, fils d'un pharmacien de la rue des Orfèvres, qui avait fait ses études à l'Université de Berlin, qui avait soutenu à Paris une thèse sur les théories de Kronecker, et qui devait mourir, avant la délivrance, professeur à l'Université de Nancy. Nous constations avec tristesse, Molk et moi, que la jeune génération alsacienne perdait peu à peu le contact avec la France, et que les partis politiques manifestaient de nouveaux courants d'idées. Les désertions, pour échapper au service militaire, se faisaient de plus en plus rares. Des Allemands avaient été nommés aux évêchés de Strasbourg et de Metz ; le parti catholique et le parti socialiste se préoccupaient plus des questions politiques que des questions de nationalité. La tragi-comédie du boulangisme, les scandales du Panama avaient fait tort aux Français en Alsace. Les Allemands suivaient la politique que nous leur avons toujours vue : socialistes avec les socialistes ; catholiques avec les catholiques ; libéraux avec les libéraux ; ils admettaient tout, sauf ce qui pouvait rappeler la France et réveiller la protestation. Le pays réclamait l'autonomie ; les Allemands se gardaient bien de l'accorder réellement et de faire de l'Alsace-Lorraine un pays comme la Bavière ou la Saxe ; ces pays, en effet, avaient *leur armée* et on savait à Berlin qu'une armée alsacienne-lorraine deviendrait, en cas de conflit avec la France, une armée française sur le Rhin. Cependant, ils donnèrent au pays un semblant de constitution dont personne ne fut dupe, puisque le dernier mot dans tous les conflits était réservé à l'empereur. Mais les Allemands espéraient qu'ils arriveraient enfin, grâce à l'appel aux intérêts divers, grâce à l'oubli résultant de la mort et de l'émigration, à amener l'Alsace-Lorraine à accepter, par lassitude, l'état de choses existant. Ils ne voulaient pas laisser sortir de la communauté allemande leurs frères alsaciens-lorrains ; il leur semblait impossible qu'on pût les y contraindre par la force. « Quant à céder volontairement les anciens territoires de l'empire, disait au Reichstag M. de Bülow, nous n'y consentirons jamais. »

A ce moment, vers 1900, la France avait un peu oublié l'Alsace. A l'exposition universelle de 1900, à Paris, le grand succès fut pour l'exposition allemande. Les annexés constataient, avec mélancolie, que le restaurant le plus à la mode était le restaurant allemand. Des Français acceptaient de faire partie d'académies allemandes. Si les gens de Berlin avaient eu un peu de psychologie, ils auraient donné aux Alsaciens les libertés qu'ils avaient autrefois ; ils auraient respecté leurs traditions ; ils leur auraient permis d'apprendre le français, comme ils le désiraient ; en un mot, ils auraient admis leur particularisme. Mais les fonctionnaires de l'empire ne comprirent rien à cet état d'âme. On a dit, avec raison, que tout régime a, comme principal ennemi, lui-même. Les Allemands l'ont éprouvé ; par servilisme envers l'empereur, par vanité pangermaniste, ils vou-

lurent dresser à la prussienne les Alsaciens
qui ont dans le sang la tradition révolutionnaire française ; ils leur disaient :
« Vous êtes de race allemande : vos villages ont des noms allemands ; vous
devez donc aimer l'Allemagne ! », raison-
nant comme si la nationalité résultait de
conditions matérielles, non de la volonté
et de la conscience.

Le service militaire était particulièrement dur aux Alsaciens ; ils savaient que,
dans l'armée française, un officier ne
frappe jamais un soldat et que le dressage
à la prussienne y est inconnu. Je voyais,
aux châteaux d'Ottrott, le garde Greyenbühl, qui avait fait son service dans
l'armée allemande. Il me racontait comment son sergent, une brute prussienne,
voulait à toutes forces lui apprendre le

pas de l'oie, où le genou doit rentrer de façon que le devant de la jambe devienne concave. Greyenbühl était un homme de la montagne ; ses genoux avaient une conformation spéciale, qui ne se prêtait pas à ce genre d'exercice. Alors le sous-officier le faisait coucher à plat sur le dos et lui sautait à pieds joints sur les genoux. Le garde me disait : « Combien de fois ai-je dû me retenir pour ne pas le tuer. » Tout cela se racontait.

L'Alsace se rebiffa. Guillaume fit alors appel à Zorn de Bulach, le fils de l'ancien député officiel au corps législatif français, pour en faire un ministre à Strasbourg. L'empereur pensait qu'un Alsacien aurait plus d'action qu'un Allemand ; mais personne n'avait confiance dans un renégat. Le peuple savait que les Bulach sont attachés avant tout à leur puissance locale : ils acceptent un changement de nationalité, plutôt que de perdre une situation privilégiée.

Les Allemands inquiétèrent alors le monde entier par leurs prétentions à l'organisation et à la domination universelle. Molk me racontait qu'un vieux mathématicien allemand, professeur à l'Université de Strasbourg, lui avait dit : « Je ne comprends plus rien à la jeune génération. Faites attention en France. La mentalité de mon fils m'effraie. » Les germes de la politique bismarkienne portaient leurs fruits. On n'enseigne pas impunément à la jeunesse, que la force prime le droit et que le succès justifie la violence.

En 1912, Molk fut décoré de la

Légion d'honneur. Il voulut que je lui remisse sa décoration à Strasbourg, rue des Orfèvres, dans l'appartement et devant le portrait de ses parents. Il n'y avait là que madame Molk, le professeur et moi ; mais nous fûmes profondément émus. Tout à coup, nous vîmes le spectre mutilé de la France et nous sentîmes la poignante tristesse du proscrit.

A l'extérieur les Allemands suscitèrent successivement l'affaire d'Agadir et celle des déserteurs de Casablanca. Quelques Français, prêtant leur générosité aux autres, avaient des illusions : ils croyaient que la France pourrait s'entendre avec l'Allemagne. Il n'y avait rien à faire, tant que les trois départements seraient sous la domination allemande.

En 1913, je fus averti, par un ami qui

venait de Berlin, que le parti pangermaniste voulait la guerre ; la fameuse affaire
de Saverne, où le parti militariste se
montra le véritable maître, acheva de
me convainere. Je compris pourquoi,
quelque temps après, le gouvernement
allemand avait pris une mesure révolutionnaire : la création d'un impôt extraordinaire sur le capital, pour achever les
armements. L'heure de l'expiation était
arrivée. Les Allemands, grisés et excités
par leurs maîtres, furent pris d'un véritable accès de folie collective. Leur
gouvernement s'efforça de déchaîner la
guerre, ce qui était aussi facile que
d'amener une explosion dans un bâtiment
rempli de poudre.

CHAPITRE XV

LA GRANDE GUERRE

Nous avions tous en Alsace l'idée de lutter contre l'influence allemande dans le monde. Aussi avais-je pris part à la fondation, à Paris, d'un groupement des Universités et Grandes Écoles de France pour les rapports avec l'Amérique latine. Dans l'avant-dernière semaine de juillet 1914, nous avions une réunion du Comité de direction. Notre collègue, M. Conty, aujourd'hui ambassadeur au Brésil, nous dit en tirant sa montre : « En ce moment, avec la différence des longitudes, expire le délai donné aux

Serbes par l'ultimatum autrichien. Les Serbes ne peuvent pas en accepter les termes et alors ce sera prochainement la guerre ». Ce fut la première fois que mon attention fut attirée sur la possibilité d'une guerre.

Ma fille Odile était partie en avance au Klingenthal, pour préparer la maison avec sa tante, la veuve de mon frère. On sait quelle fut la réponse serbe et comment l'Allemagne embrouilla la question. Nous apprîmes par un ami que la situation était grave. Je craignis que ma fille tombât dans la mobilisation. Ma femme partit pour aller la retrouver. Je devais les rejoindre ; je ne pus partir. Le mercredi 29, je les rappelai par télégramme. Au Klingenthal, personne ne se doutait de la possibilité d'une guerre. Ma femme

et ma fille revinrent par Belfort ; elles prirent un des derniers trains de voyageurs.

Le samedi 1er août, j'étais au jardin du
Luxembourg, quand le garde de la Sorbonne me rençontrant par hasard, me
dit que la mobilisation était affichée.
J'allai voir, sur le bureau de poste, en
face du Sénat, le petit papier qui présa-
geait tant de deuils et de souffrances. La
France avait fait tout le possible pour
empêcher le désastre ; elle avait retiré ses
troupes à dix kilomètres de la frontière.
Les Allemands déclarèrent la guerre sur
des mensonges ; violation de frontière,
bombardement de Nuremberg par avions.
Ils furent les agresseurs, mais ne vou-
lurent pas apparaître au monde et à
leur peuple comme tels. Le vieux Guillaume avait, paraît-il, dit sur son lit de

mort : « Ne soyez jamais les agresseurs. »

Les Allemands ont beaucoup ergoté sur la responsabilité de la guerre, qu'ils ont préparée et déclarée. Ils prétendent avoir été amenés à faire une guerre préventive, parce qu'ils auraient été attaqués plus tard ; excuse facile. Mais il est évident que la responsabilité de l'Allemagne date de 1871, du traité de Francfort, de l'annexion à l'empire allemand de l'Alsace et d'une partie de la Lorraine, contrairement au désir des habitants, régulièrement exprimé. Le gouvernement allemand suivit alors l'avis des chefs militaires qui lui assurèrent que l'annexion de Metz et de Strasbourg était indispensable à la sécurité du nouvel empire : il déchaîna ensuite les pangermanistes qui parlaient de race, de langue, de droits historiques...,

billevesées dont Renan a fait justice. C'est
dans cette annexion, dans cet abus de force,
que se trouve en germe l'origine de la
guerre de 1914. Le triomphe du milita-
risme a amené tout le reste : le culte de la
force est devenu général dans l'Allemagne
prussifiée et le parti militaire a fini par
s'imposer à l'empereur, par inquiéter le
monde entier, et par déchaîner la guerre.

C'est une grave erreur de croire que
l'histoire recommence : si l'homme n'a
guère changé depuis les civilisations les
plus reculées, la science au contraire a
rapetissé la Terre ; l'Humanité a pris
conscience d'elle-même et sera de plus en
plus hostile à ceux qui déchaîneront la
guerre. C'est ce que nos ennemis n'ont
compris que trop tard.

La guerre déclarée, la conscience na-

tionale tout entière se révolta en France ;
il s'agissait, pour le dernier des poilus,
non seulement de défendre la Patrie, et
de libérer les départements annexés, mais
d'anéantir la violence et l'injustice. En
Alsace, il y eut de nombreuses désertions ; mais que de jeunes hommes furent
obligés de servir dans les rangs allemands ! Les notables se sauvaient ; nous
vîmes arriver à Paris : Laugel, de Saint-
Léonard, l'abbé Wetterlé de Colmar, le
maire Blumenthal qui me raconta comment il avait dû descendre quatre à quatre l'escalier, à la gare de Bâle, parce
qu'un voyageur le reconnaissant l'avait
appelé par son nom devant le gendarme
allemand, le dessinateur Hansi qui avait
tant amusé les Alsaciens aux dépens des
pangermanistes, etc...

Le lundi 3 août, je dus aller avec le secrétaire de la Faculté des Sciences, accompagné du secrétaire de la Faculté des Lettres, au bureau central de la Société Générale, derrière l'Opéra. On venait très sagement de décider le moratorium pour les banques et d'empêcher le retrait des fonds ; mais, d'après un accord déjà ancien, les secrétaires des deux Facultés versaient à la Société Générale les traitements mensuels de certains professeurs ou agents, qui les retiraient quand ils voulaient. Ces fonctionnaires risquant dès lors de ne pas recevoir de traitement, nous allâmes expliquer la situation au siège central, où l'on comprit immédiatement et où on donna des ordres en conséquence. Il n'y avait plus, dans les rues, aucun véhicule public : nous dûmes aller à pied. A la Société Générale, il y avait foule ; nous fîmes queue longtemps.

L'union nationale se manifesta sur tous les terrains : le banquier Albert Kahn vint, le 4 août, me parler de la nécessité de l'union en vue de secourir les misères qui allaient naître de la guerre. Nous tombâmes d'accord pour la création d'un grand Comité, dont la première réunion fut fixée au 6 août. Ce jour-là, des représentants des partis politiques les plus divers, des hommes appartenant aux grands corps de l'État et aux grands organismes nationaux, se réunirent à la Sorbonne, dans la salle des Actes de la Faculté des Sciences, pour organiser la lutte contre la misère, pendant que nos vaillants soldats luttaient contre l'ennemi. La composition de la réunion fut telle que toute infortune française fût assurée d'y trouver, mieux qu'un défenseur, un ami, et que chaque intérêt matériel y rencontrât une compétence.

Le titre *Secours National* réunit l'unanimité des suffrages et le Comité fut constitué, avec l'assentiment des Pouvoirs Publics, sous le haut patronage du Président de la République, et la présidence d'honneur des anciens présidents MM. Loubet et Fallières.

Dès la première séance, le Comité se considéra comme un organisme central de secours aux victimes civiles de la guerre. Il prit, comme règles fondamentales, d'utiliser le concours d'œuvres existantes, d'aider particulièrement les œuvres nouvellement créées, qui offraient

des garanties de vitalité et de puissance
d'action, d'éviter l'éparpillement des ressources, d'exiger de chaque œuvre, en
échange des subventions qu'il lui donnait,
un effort personnel au moins égal. Il
décida de recourir, autant que possible,
à l'assistance par le travail, mais, dans
des conditions telles, que la valeur de la
main-d'œuvre normale ne fût pas dépré-
ciée, et que les fabrications entreprises
ne fissent pas au commerce une concurrence privilégiée. Il s'efforça d'éviter les
doubles emplois et l'exploitation de l'assistance par des gens sans scrupules; il
résolut de distribuer des secours en nature, de préférence aux secours en argent.
Enfin, il prit la résolution d'intervenir
au premier moment, même pour des
misères qui devaient plus tard être secou-

rues par les pouvoirs publics, en attendant que l'action de l'État ait eu le temps de s'organiser.

Ces principes posés, l'action commença aussitôt.

Comment pourvoir à l'alimentation des familles des combattants, réduites à l'allocation militaire? Comment organiser l'assistance par le travail, remédier au chômage? Tous les points de vue furent discutés, et, finalement, par la confrontation des opinions diverses, unies dans le but à atteindre, les décisions furent prises à l'unanimité. Cette unanimité se retrouva constamment par la suite, dans les mêmes conditions.

Sans abandonner complètement la soupe populaire classique, le Comité lui substitua, autant que possible, un véritable repas ; pour sauvegarder la dignité du consommateur, dont la guerre avait bouleversé l'existence, il décida d'écarter la gratuité totale et d'exiger une légère rétribution, l'excédent des dépenses restant à sa charge. Dès lors, les repas populaires étaient créés ; dans les départements comme à Paris, furent servis, pendant les quatre ans de guerre, plus de cinquante millions de repas et plus de dix millions de soupes.

Il fallut ensuite assister par le travail des milliers de femmes, sans ressources et sans aptitudes professionnelles pour la couture. Des ouvroirs, où ces femmes venaient coudre pour les hôpitaux, ou pour les vestiaires, moyennant une modeste rétribution, dépassant souvent la valeur même du travail, s'organisèrent

partout. Le Comité les aida, par des subventions calculées suivant des barèmes
conformes à ses principes généraux. Il
fallait également aider les ouvrières professionnelles, que la fermeture de tant
de maisons privait de leurs moyens d'existence. La Fédération des Organismes du
travail féminin, les ateliers profession-
nels, des organisations municipales,
groupèrent des femmes, afin de les faire
travailler avec un salaire normal, principalement pour des fournitures comman-
dées par l'Intendance. Seulement, il
manquait à la plupart de ces organisations un fond initial de roulement, pour
la mise en train, l'achat de matières premières ou de machines, et le paiement
des salaires, en attendant les rentrées
d'argent. Le Secours National leur fit

alors des prêts gratuits, souvent considé-
rables, remboursables sur les bénéfices à
venir. L'argent de nos souscripteurs produisait ainsi un effet des plus utiles, et
pouvait cependant servir plus tard pour
des secours proprement dits.

Mais les réfugiés, dont le monde entier
connaît les horribles souffrances, venaient
en foule du Nord et de l'Est. Des œuvres se
formèrent pour les accueillir, les nourrir,
les vêtir et les loger. Le Comité les subventionna d'après ses méthodes. Il fut ainsi
amené à soutenir des organismes de secours qui, par les phases diverses d'avance
ou de recul de nos armées, se développè-
rent et durèrent bien après l'armistice :
œuvres d'hospitalisation et d'entretien,
œuvres d'habillement, comités centraux
des dix départements occupés, œuvres

provinciales de la France non envahie.

Par la prolongation de la guerre, de nouvelles catégories de victimes se produisaient : les écrivains, les artistes, les professeurs privés, tous ces Français qui sont en temps de paix comme la parure de la nation, voyaient s'épuiser leurs maigres économies. Le Comité intervint en leur faveur, par d'importantes subventions à des œuvres diverses, comme : l'Association des Artistes, la Société des Gens de Lettres, le Comité des Lettres, la Société des Auteurs et Compositeurs dramatiques, l'Association des Journalistes parisiens, etc.

Pendant les hivers de 1914 et 1915, le Comité facilita les fournitures de charbon aux ménages sans ressources, par l'intermédiaire des maires des vingt arrondissements. Les années suivantes, la ville de Paris prit ces secours à sa charge. Pour procurer aux réfugiés et aux malheureux de toute sorte des vête- ments, le Comité subventionna un grand nombre de vestiaires, en nature et en argent. Il donna, par l'intermédiaire de plusieurs œuvres, des secours individuels à des misères spéciales de vieillards et de femmes isolées, misères résultant de l'âge, de la maladie et de l'impossibilité de trouver un travail rémunérateur.

Tandis que nous souffrions de la guerre, les Français vivant de l'autre côté de la ligne de feu souffraient encore plus que nous. Pour ces malheureux, privés de toute nouvelle vraie, séparés de la Patrie, ne sachant ce que devenaient leurs fils, leurs frères, leurs maris sous

les armes, la nourriture était assurée par
l'admirable effort d'une Commission his-
pano-américaine ; mais les vêtements et
les chaussures faisaient cruellement défaut. Le Comité du Secours National,
grâce au dévouement de généreux Lillois,
réussit à faire des envois dans la France
envahie pendant la période 1916 1918.
Un appel fait à la population parisienne
émut tous les cœurs : le Comité reçut un
grand nombre de vêtements neufs ou
usagés et des pièces d'étoffes qui, venant
se joindre aux dons américains, nous
permirent d'envoyer quarante wagons
à nos malheureux compatriotes.

Nous avons déjà parlé des secours don-
nés aux réfugiés et aux évacués, victimes, en quelque sorte, normales, de la
guerre. Mais le Comité fut amené à se-

courir d'autres Français, auxquels nos barbares ennemis infligeaient, contrairement au droit des gens, des traitements inhumains et odieux, qu'on ne saurait trop flétrir ; ils prenaient, par milliers, des captifs dans les régions envahies et les transportaient en Allemagne comme du bétail, séparant les enfants des parents et disloquant les familles ; puis ils les renvoyaient en France exténués et moribonds. Le Comité contribua à organiser des vestiaires et des cantines pour vêtir et réconforter ces victimes, en attendant que le ministère de l'Intérieur eût établi un service complet de secours.

Il fallait que nous nous occupions aussi des villages ravagés par l'avance des Allemands, puis reconquis par nos vaillants soldats ; il fallait y porter des secours en nature, de toutes espèces, depuis le sel jusqu'aux vêtements, l'argent ne pouvant plus être utilisé en l'absence de tout commerce de détail ; des habits, des chaussures, des provisions données en grande quantité par les Etats-Unis, par le Canada, par d'autres pays amis de la France, furent distribués sur place, soit par des membres ou des délégués du Comité, soit par des commissions locales, créées à l'image du Secours national, et chargées chacune des répartitions dans un secteur déterminé. En outre, le Comité conclut des accords avec des œuvres spéciales, le Bon Gîte, donnant des meubles et de la literie, et l'Aide Immédiate à l'Agriculture, fournissant aux travailleurs agricoles des instruments, pelles, pioches, râteaux, etc., à des prix extrêmement modiques, inférieurs à la valeur d'achat.

Pour secourir utilement les Alsaciens et les Lorrains revenus à la mère patrie, le Comité avait formé, dès 1915, une Commission spéciale d'Alsace-Lorraine, comprenant les représentants les plus compétents des provinces délivrées.

Déjà, avant l'armistice, l'Etat avait établi pour les régions dévastées un organe spécial, le Ministère de la Reconstitution nationale ; le Comité s'efforça d'y faciliter la formation d'une Commission consultative d'entente et de coordination entre les services publics, les œuvres diverses s'occupant des régions libérées, la Croix-Rouge américaine et le Secours national. Sur les bases élaborées par cette Commission, le Comité fit de nombreux envois de vêtements et de couvertures.

Une des plus grandes préoccupations du Comité fut, en secourant l'enfance, de contribuer à assurer l'avenir de la Patrie. Il subventionna régulièrement les cantines maternelles, les garderies, les crèches et les pouponnières. Il dut également s'occuper des orphelinats antérieurs à la guerre, dont les ressources, provenant principalement de dons particuliers, s'étaient subitement taries ; il les aida d'après un tarif assurant à chaque enfant le pain quotidien.

Vinrent ensuite des œuvres nombreuses, procurant aux enfants malades ou affaiblis un séjour à la mer ou à la campagne ; puis des œuvres s'occupant de soustraire les enfants aux dangers de la ligne de feu et des bombardements.

Mais, dans l'assistance à l'enfance, se plaçaient en première ligne les secours aux orphelins de la guerre sans ressources. Le Comité, tout en subventionnent du mieux qu'il put les œuvres qui s'étaient préoccupées de ces enfants, pensa que les orphelins de la guerre, nécessiteux ou non, devraient être un jour adoptés par la nation et recevoir d'elle une aide matérielle et morale. Il émit, au début de 1915, un vœu demandant « que les pouvoirs publics voulussent bien assimiler à une dette nationale les obligations du pays envers les orphelins de la guerre ; qu'il fût constitué, pour assurer l'entretien et l'éducation de ces enfants, un fonds national, qui serait géré, non par l'Assistance publique, mais par une organisation spéciale constituée, comme le Secours national, à l'image de la nation ; que la volonté des parents fût respectée, pour le choix de l'éducation laïque ou confessionnelle ; que l'on s'efforçat d'entretenir, chez ces enfants, le vif sentiment de la fraternité française, dont leurs pères avaient donné le magnifique exemple. » Ce vœu a été transmis officiellement à M. le Président de la République. Les idées qu'il exprime forment aujourd'hui l'essentiel de la loi sur les pupilles de la nation, promulguée le 27 juillet 1917.

Dans ce qui précède, j'ai exposé le rôle du Comité du Secours national, auquel j'ai consacré toute mon activité pendant la guerre. Il ne sera pas sans intérêt d'avoir la composition du Comité au début et à la fin de la guerre : celle-ci a duré si longtemps que plusieurs des membres du Comité sont morts avant la fin des hostilités :

COMITÉ DU SECOURS NATIONAL EN 1919.

Œuvre reconnue d'utilité publique par décret en date du 29 septembre 1915.

Sous le haut patronage de M. le Président de la République, fondée en août 1914 avec l'appui et l'assentiment du gouvernement et après entente avec les pouvoirs publics.

Présidents d'honneur

MM.

Emile Loubet, ancien Président de la République.

Armand Fallières, ancien Président de la République.

Président

Paul Appell, président de l'Institut en 1914.

Vice-Présidents

Denys-Cochin, de l'Académie française, député de Paris ;

Gabriel Hanotaux, de l'Académie française, président du Comité « France-Amérique » ;

Ernest Lavisse, de l'Académie française, président de la Ligue française ;

Payelle, premier président de la Cour des comptes.

Le Comité

Cardinal Amette, archevêque de Paris ;

Maurice Barrès, président de la Ligue des patriotes ;

Louis Barthou, président du Comité de coordination des secours institué par le ministre de la Guerre ;

Bizot, inspecteur des finances, délégué par le ministre des Finances ;

Bled, secrétaire de l'Union des syndicats de la Seine ;

Brard, ancien député, secrétaire général du parti radical et radical-socialiste ;

Ferdinand Buisson, président de la Ligue des droits de l'homme ;

Maurice Bloch, procureur général près la Cour des comptes ;

Léon Bourgeois, premier délégué français aux conférences de La Haye ;

Cherest, président du Conseil général ;

Pasteur B. Couve, président de l'Union consistoriale des églises réformées de Paris et de la Seine ;

Dausset, rapporteur général du budget de la ville de Paris ;

Mlle Déroulède ;

Dubreuilh, secrétaire du parti socialiste ;

Jean Dupuy, président du syndicat de la Presse parisienne ;

Vicomte d'Hendecourt, président général de la Société de Saint-Vincent de Paul ;

A. Guillet, maître de conférences à la Faculté des sciences de Paris ;

Henri-Robert, bâtonnier de l'Ordre des avocats ;

Louis Jaray, directeur du Comité « France-Amérique » ;

Jouhaux, secrétaire de la Confédération générale du travail ;

Albert Kahn ;

E. Laurent, préfet honoraire ;

Lépine, membre de l'Institut ;

Marguerie, vice-président du Conseil d'État ;

Charles Maurras, vice-président de la Ligue d'action française ;

Mérillon, président à la Cour de cassation ;

Louis Mill, ancien député ;

Albert Mirabaud, banquier ;

Pallain, gouverneur de la Banque de France ;

Poisson, secrétaire de la Fédération nationale des coopératives de consommation ;

Alexandre Ribot, de l'Académie française, vice-président de la Commission supérieure du ravitaillement ;

Vallery-Radot, président de l'Office central des œuvres de bienfaisance ;

De Verneuil, syndic honoraire des Agents de change.

Contrôleur des Finances

J. Bizot.

Trésorier

Albert Mirabaud.

Secrétaire général du Comité

A. Guillet.

Délégués généraux

A. Guérin, pour la section des départements ;
H. Mouton, pour la section Paris-Seine.

Directeur des Magasins

Capitaine B. Truillet.

Membres décédés depuis 1914

M. Baudouin, premier président de la Cour de cassation ;

David-Mennet, président de la Chambre de commerce de Paris ;

Léon Devin, président de l'Office central des œuvres de bienfaisance ;

Lévy, grand rabbin de France ;

Liard, vice-recteur de l'Académie de Paris ;

Mithouard, président du Conseil municipal
de Paris ;

L. Poincaré, vice-recteur de l'Académie de
Paris ;

Fournier-Sarlovèze, représentant de l'Office
central des œuvres de bienfaisance ;

De Ribes-Christofle, président de la Chambre
de commerce de Paris ;

Pasteur Ch. Wagner.

Je reprends mon récit en août 1914.
Nous apprenions l'avance française en
Alsace, la prise du Donon, la marche par
la vallée de la Bruche, puis au sud la
prise de Mulhouse. Mais je dois dire que
cela m'inquiéta plutôt : c'était trop beau.
Les Alsaciens étaient heureux de penser
que le drapeau français flottait de nouveau chez eux. Je rencontrai à ce moment,
devant la mairie, le maire du VIIe, mon
ami Charles Rissler, qui avait fait la
guerre de 1870 ; nous nous embrassâmes

spontanément, avec une joie mêlée d'inquiétude.

Nos soldats se battaient d'après des méthodes surannées, qui furent peu à peu abandonnées. Les Allemands, grisés par leurs faux principes, avaient, par la violation de la neutralité belge, précipité heureusement l'intervention de l'Angleterre. Comme ils avaient tout préparé avec le plus grand soin, ils battirent d'abord les alliés et marchèrent sur Paris. En Alsace, ils répandirent même des cartes postales envoyées par des soldats à leurs parents et portant des vues de Versailles ; ces cartes, qui avaient été données aux hommes par des agences allemandes, permirent de faire croire à des Alsaciens que les Allemands étaient à Versailles. La terreur régnait en Alsace :

les Allemands immigrés ne cachaient pas leur joie ; ils annonçaient aux Alsaciens qu'ils seraient réduits à les servir ; le français, même parlé chez soi, était proscrit. A Strasbourg on envoyait à la prison du Raspelhus les gens qui parlaient français chez eux ou dans la rue ; ce qui fit dire à une dame : « Actuellement, la meilleure société de Strasbourg est au Raspelhus ».

La semaine suivante, un matin du début de septembre, j'étais rue Récamier, dans mon cabinet de président du Secours national. Le secrétaire général d'alors, Louis Mill, vint m'annoncer qu'on avait appris au *Temps* que le gouvernement avait décidé de déclarer Paris ville ouverte, et de laisser entrer les Allemands. C'eût été la fin, comme je le sentis immé-

diatement, d'accord avec mon interlocu-
teur. Une fois les Allemands à Paris, la
guerre était finie par la défaite de la
France. Peu après, je vis Denys-Cochin,
député de Paris, qui me confirma que le
gouvernement avait bien, sur de mauvais conseils, d'abord adopté la funeste
résolution, mais qu'il l'avait rejetée
presque immédiatement après. « Nous
avons, disait Denys-Cochin, vu le président du Conseil ; nous lui avons déclaré que les Allemands n'entreraient pas
sans lutte et que, si le gouvernement
voulait déclarer Paris ville ouverte, nous
proclamerions la Commune. »

Le lendemain, nous apprîmes que
Galliéni était chargé de la défense du camp
retranché et que le président de la République et les ministres quittaient Paris

pour Bordeaux ; le gouvernement avait
raison de se retirer : il ne pouvait pas se
laisser enfermer dans une place forte. En
rentrant chez moi, je trouvai Darboux
faisant part à ma famille du fait que des
places seraient réservées dans le train de
Bordeaux aux membres de l'Institut qui
voudraient partir, que je risquais d'être
spécialement visé comme Alsacien, et,
plus particulièrement, à cause de l'affaire
de mon frère. J'étais alors président de
l'Institut de France, doyen de la Faculté
des Sciences, président du Secours national. Je décidai que jé ne partirais pas :
tant qu'il restait un espoir, il m'était
impossible d'abandonner mon poste.
Darboux m'approuva. Je résolus alors de
réunir tous les présidents et secrétaires des
diverses Académies, afin de leur faire

part des propositions faites aux membres
de l'Institut : les bureaux des cinq Académies furent unanimes : il fallait rester. Le
matin, j'avais été convoqué à l'Intérieur
par Malvy, qui me dit que le gouvernement comptait sur le Secours national
pour continuer à servir les allocations
aux familles des mobilisés. Le soir, je vis
Ribot, ministre des Finances, qui pré-
cisa : il me donna lecture d'un décret attri-
buant au comité 20 millions, pour les
allocations aux habitants du camp retranché durant trois mois, dans le cas où
Paris serait assiégé ou pris. Je lui fis une
lettre d'acceptation ; mais, comme la chose
devait rester secrète pour avoir l'ombre
d'une chance de réussite, je n'en parlai
pas au comité ; je me bornai à constituer
une Commission de Secours composée

de l'archevêque de Paris, du pasteur
Wagner et du grand rabbin, pour présenter l'allocation comme un secours, en
en modifiant légèrement le taux. Comme
les Allemands, en entrant, se seraient
immédiatement emparés de nos fonds,
nous décidâmes au Secours national de
tout placer, les fonds réguliers du Comité
comme les 20 millions du gouvernement,
à la banque américaine Morgan Harjès.
Je dois remercier ici la maison Morgan
Harjès d'avoir bien voulu accepter ce
dépôt. Je mis le tout sous la protection
de l'ambassadeur des Etats-Unis, Herrick,
qui me donna des conseils et m'assura de
son appui, avec une fermeté et une générosité que je n'oublierai jamais Heureusement que ces précautions furent inutiles :
les Allemands n'entrèrent point.

Ma femme étant infirmière à l'hôpital de l'École Normale, nous allâmes, le vendredi 4, habiter l'École chez mon gendre le sous-directeur Borel.

Le samedi 5, le président de la Chambre des Députés, Deschanel, me téléphona au Secours national pour que nous installions une ambulance dans la bibliothèque du Palais Bourbon, afin de la préserver. Je trouvai un homme dévoué pour s'occuper de cette question, et le lendemain soir les lits étaient installés ; ils n'ont pas servi.

Le dimanche 6 août, nous avions au Secours national, rue Récamier, dans le local prêté par la Ligue de l'Enseignement, une réunion pour conférer avec les maires du camp retranché de la place de Paris. La situation était grave : von

Klück marchait sur la capitale. « Nous marchons comme Blücher », avait écrit un troupier allemand dont le cadavre fut retrouvé plus tard. Une sorte de folie envahissait les masses. Le bruit courait que des Russes venaient par la voie du Nord, et traversaient l'Angleterre pour secourir Paris. Pendant la réunion, mon ami M. Albert Kahn vint me faire part de la consistance que prenaient ces bruits ; on était allé jusqu'à lui affirmer que les Russes étaient au Bourget. Je l'engageai à aller, avec son automobile, voir si cela était vrai ; il suivit mon conseil, passa à l'École Normale prendre le directeur Lavisse, sa nièce mademoiselle Née, et ma femme, et les emmena au Bourget, où il n'y avait malheureusement pas l'ombre d'un Russe. Les gens qui le pouvaient, fuyaient Paris, craignant un siège. J'ai vu à la gare d'Orsay des centaines de gens ne pouvant partir de suite, installer des campements sur le trottoir du quai, pour y passer la nuit, en attendant un train possible. C'est le dimanche 6 que le premier avion boche survola Paris pour essayer, bien vainement, d'intimider la population.

Le lundi 7 septembre, au matin, ayant une course à faire aux Champs-Elysées, je trouvai l'avenue absolument déserte · l'après-midi, nous eûmes, à l'Académie des Sciences, une terrible séance. Les membres présents, peu nombreux, faisaient bonne contenance ; une inquiétude poignante, l'attente du désastre, planaient sur nous. Au bureau, je siégeais avec Darboux et Lacroix. De peur que le

numéro des comptes rendus portât, par
son vide, la trace de nos inquiétudes, nous
décidâmes Lacroix et moi de faire chacun
une communication. La soirée fut sombre.
A l'École Normale on s'attendait au pire.
Le mardi j'appris par un élève dont le
père était officier d'administration, que
les alliés jetaient des ponts sur le Loing
et reprenaient l'offensive. Le mercredi
soir, Painlevé m'appela au téléphone
pour m'apprendre la victoire de la Marne.
« Joffre faisait savoir que les Allemands
fuyaient à toutes jambes. »

J'ai su depuis qu'en Alsace on ne con-
nut pas officiellement cette défaite allemande, qui est cependant le véritable
tournant de la guerre. On se disait à
l'oreille que les Allemands avaient été
repoussés devant Paris. Nous crûmes

alors la guerre finie ; mais les armées allemandes se terrèrent dans des tranchées, nous obligeant à en faire autant ; et la lutte se stabilisa. Ainsi se trouvaient justifiées les vues développées par Jaurès, dans son ouvrage prophétique : « La guerre de demain ».

Le 16 octobre eut lieu la séance publique annuelle des cinq Académies. Le culte du Droit fut affirmé dans un magistral discours de Louis Renault, le célèbre jurisconsulte, membre de la Cour de La Haye ; vinrent ensuite des discours de Lacour-Gayet, de Henri Cordier, de Doumic, et enfin l'allocution du président, dont je donne quelques passages :

« Le plus grand honneur que puisse
« rêver un savant est celui de présider la
« séance publique de l'Institut de France,

« de cette illustre compagnie qui, parmi
« tous les groupements d'académies cons-
« titués dans les divers pays, présente
« la particularité unique de réunir les
« lettres, les arts et les sciences, la grâce,
« la beauté, la vérité, union toute fran-
« çaise, qui caractérise le génie de notre
« nation.

« Le hasard a voulu que, dans les cir-
« constances les plus tragiques qu'ait
« connues le monde moderne, cette prési-
« dence fût occupée par un Alsacien, par
« un Strasbourgeois. L'Alsace se trouve
« ainsi, par un de ses fils, à la première
« place dans la séance d'aujourd'hui,
« l'Alsace fidèle qui a souffert en silence
« pendant quarante-quatre ans sous le
« bâillon allemand, qui n'a jamais déses-
« péré, qui voit se lever enfin le jour de

« la justice et, dans le triomphe du droit,
« la reconstitution de la patrie une et
« indivisible.

« Depuis trois mois, notre pays est
« engagé dans un drame gigantesque,
« sans précédent, qui met aux prises deux
« conceptions opposées de la civilisation
« future de notre planète, de ce petit globe
« perdu dans l'espace, dont les habitants
« éphémères n'ont d'autre raison de vivre
« que l'idéal qu'ils portent en leur cons-
« cience.

« Des millions d'hommes se heurtent
« sur des fronts traversant la France et la
« Belgique, en des batailles qui durent
« des semaines, qui recommencent à peine
« terminées, qui exigent des efforts d'hé-
« roïsme et une tension surhumaine de
« la volonté et des nerfs, auprès desquels

« pâlissent les plus grands faits de
« guerre, les plus beaux sacrifices à la pa-
« trie qui aient jamais été accomplis. Si
« des deux côtés les courages sont compa-
« rables et les armements de même puis-
« sance, les âmes et les consciences,
« ces énergies immatérielles qui consti-
« tuent la force motrice secrète et déci-
« sive, sont entièrement différentes. »

. . . .

« Nous reprenons enfin notre rôle sécu-
« laire. Ainsi qu'il a été dit au début de
« la guerre qui a libéré l'Italie du Nord :
« quand la France tire l'épée, ce n'est pas
« pour dominer, c'est pour affranchir.
« Les nations alliées combattent pour les
« opprimés : l'Alsace-Lorraine, le Schles-
« wig-Holstein, le Trentin et Trieste, la
« Bosnie, l'Herzégovine, la Transylvanie,

« les parties séparées de la Pologne. Après
« leur victoire, il faut que l'humanité se
« développe dans l'union des races diver-
« ses, dans l'épanouissement des aspira-
« tions nationales, dans le respect des
« trésors accumulés par l'art et par la
« science : il faut qu'il ne subsiste plus
« aucun peuple opprimé, aucune violence.
« aucune caste militaire. Il faut que tout
« ce qu'il est de forces au monde soient
« employées à assurer la paix. Il faut que,
« pour l'Allemagne, un autre rêve succède
« aux ambitions monstrueuses et domina-
« trices : celui de n'être plus qu'un des
« éléments du progrès dans un monde
« affranchi et pacifié.

« La France a proclamé en 1789 les
« Droits de l'Homme ; elle proclamera
« maintenant les Droits de l'Humanité ;

« après avoir vaincu l'Allemagne sur les
« champs de bataille, elle la vaincra sur
« le terrain moral, en anéantissant toute
« organisation de violence et en assurant
« les garanties essentielles du droit et de
« la civilisation.

« C'est là l'esprit qui anime nos
« admirables soldats. Ce sont là les
« pensées communes à ces jeunes gens
« de toutes les opinions et de tous les
« milieux, qui constituent la nation
« armée pour la défense de la patrie et
« de la liberté. Nous leur dirons avec
« M. Lavisse :

« Comme il est beau, votre héroïsme
« embelli de grâce et souriant à la fran-
« çaise : Jeunes soldats, en un mois vous
« avez combattu en plus de batailles que
« jadis les armées en des années de cam-

« pagne. Jeunes soldats, vous êtes de
« vieux guerriers glorieux. »

« A ces soldats sublimes, j'envoie, au
« nom de l'Institut de France, un témoi-
« gnage ému d'admiration et de recon-
« naissance ; ils auront sauvé la patrie et
« libéré le monde.

« Peu nombreux sont ceux d'entre
« nous qui servent sous l'uniforme ; mais
« si l'âge interdit cet honneur à la plupart
« de nos confrères, il n'est pas un d'entre
« eux qui n'ait cherché à se rendre utile
« dans la mesure de ses forces. Tout
« d'abord, dans ces jours d'épreuves,
« l'Institut a tenu à rester à Paris, à son
« poste de travail, au milieu de cette admi-
« rable population si fièrement résolue
« dans les mauvais jours, si gaiement
« calme les jours de bonnes nouvelles,

« dont la volonté, l'énergie et le patrio-
« tisme confiant ont contribué à sauver
« Paris. Un grand nombre d'entre nous
« participent directement à la défense
« nationale, soit dans les services mili-
« taires : armes, explosifs, aviation, navi-
« gation, télégraphie sans fil ; soit dans les
« services de santé : hygiène générale,
« médecine et chirurgie, préparation des
« sérums, pharmacie, radiographie. D'au-
« tres se sont appliqués à soulager les
« victimes de la guerre. L'Institut a ouvert,
« à l'hôtel Thiers, place Saint-Georges,
« un hôpital auxiliaire qui a été organisé
« et qui est dirigé, d'une façon parfaite,
« par notre confrère M. Frédéric Masson :
« un second hôpital a été installé à Chan-
« tilly. Ici même, pour donner du travail
« à des femmes sans ressources, l'Institut

« a créé un ouvroir sous l'habile et cons-
« ciencieuse direction de Mme Vallery-
« Radot. Le Comité national d'Aide et de
« Prévoyance en faveur des soldats, placé
« sous la présidence d'honneur de M. le
« président de la Chambre de Commerce,
« a pris pour un de ses vice-présidents
« M. Etienne Lamy, secrétaire perpétuel
« de l'Académie française ; le Patronage
« national des Blessés a été constitué sous
« la présidence de M. Lavisse, de l'Aca-
« démie française ; enfin le Comité du
« Secours national formé, sous le haut
« patronage du président de la Républi-
« que, pour venir en aide, sans distinction
« d'opinions ni de croyances religieuses,
« aux femmes, aux enfants et aux vieil-
« lards dans le besoin, a associé notre
« compagnie à cette grande œuvre de

« solidarité et de concorde, en prenant
« comme président le président de l'Ins-
« titut. »

. . . .

La guerre étant installée, la vie s'orga-
nisa régulièrement au Secours national.
Les pays du monde entier, particulièrement les pays d'Amérique, envoyèrent
des dons en argent et en nature pour les
victimes de la guerre et particulièrement
pour celles qui habitaient les régions
envahies ; certains de ces dons étaient
accompagnés de lettres ; je n'en citerai
qu'une : dans un envoi d'habits à une
petite fille des régions envahies, une petite
fille canadienne écrivait à la petite française : « Je vous envoie tout ce que je peux ;
je ne voudrais pas être à votre place. »
Les dirigeants allemands sentant leur

terrible responsabilité, perdaient la tête
et entassaient bêtises sur bêtises. Ils bom-
bardaient Londres au moment où le gouvernement anglais cherchait des argu-
ments pour faire accepter le service
militaire obligatoire ; ils martyrisaient la
Belgique, ajoutant ainsi, aux yeux du
monde entier, l'odieux de l'oppression
à l'odieux de la violation des traités. Ils
apparaissaient, dans leur monstrueuse
puissance, comme ces immenses animaux
antédiluviens à la musculature énorme et
au petit cerveau, qui ont disparu du
monde organisé.

Les sympathies actives du monde latin
tout entier venaient à la France. Dans
l'hiver 1914-15, avait lieu à l'hôtel Lutetia
un grand banquet après lequel d'Annun-
zio, en termes d'une éloquence enflam-

mée, prédit l'entrée en guerre de l'Italie à nos côtés, « avant, disait-il, que le soleil soit entré dans le signe du Lion ». La sympathie des États-Unis nous venait également. Dans le discours de fin d'année que je prononçai à la séance publique de l'Académie des Sciences, je pus citer les paroles mémorables du président Butler, de l'Université Columbia de New-York :

« Que faut-il donc penser? La science, la philosophie, la religion, ne sont-elles donc que mots vides de sens, faux sem-blants hypocrites?... Ont-ils perdu toute leur peine, les hommes de pensée et les hommes d'action qui ont consacré un si long effort à substituer dans le monde le règne de la Justice au règne de la force brutale!... Il faut répondre : Non, mille fois non! »

La conscience américaine avait ainsi formulé le jugement de l'humanité raisonnable, et donné les motifs profonds du triomphe final des alliés.

Le Secours national, pour se procurer des ressources, demanda, d'accord avec le groupe parlementaire des régions ravagées, et obtint l'autorisation de faire une journée; nous conclûmes, avec les représentants des départements envahis, un accord consistant à leur remettre le tiers de la recette nette; le comité se chargea de l'organisation : il fit faire des insignes, il fit frapper une médaille, dont le sujet, dû au sculpteur Lefebvre, représentait la France aidant un vieillard, une femme, un enfant, pendant qu'au loin défilaient les armées de la République. La journée eut lieu le 23 mai 1915, le jour même où l'on apprit à Paris l'entrée en guerre de l'Italie ; elle eut un grand succès et rapporta au Secours national 3 951 000 francs. Nous pûmes faire vendre quelques milliers de petits drapeaux italiens ; tout était enlevé avec enthousiasme ; malheureusement pour la recette, il fallut improviser.

A partir de ce moment, il devenait évident, pour les gens réfléchis, que les Empires centraux pourraient encore remporter des succès partiels, mais ne vaincraient pas.

A cette époque, le recteur Liard fondait l'œuvre des pupilles de l'école publique. L'Université de Paris, avec un effectif réduit d'étudiants et de maîtres, continuait ses enseignements et mettait toutes ses ressources scientifiques au service de la défense nationale. Plusieurs de ses professeurs étant mobilisés, elle put les remplacer par des savants belges. C'est ainsi qu'à la Faculté des Sciences, le mathématicien Lavallée-Poussin, de l'Université de Louvain, fit fonction de maître de conférences d'analyse. La Faculté de Médecine eut également recours à un professeur belge, le savant Brachet.

L'une des formes de secours employée par le comité était l'assistance par le travail. Comme je l'ai dit, il procéda par des prêts à court terme et sans intérêt à des ateliers travaillant pour l'intendance, par des subsides aux ouvriers, par l'organisation d'ateliers pour les femmes sans travail. Ainsi, pour les ouvrières couturières de luxe, il fut ouvert à la Bourse du travail un atelier où elles habillaient des poupées destinées à être vendues aux

États-Unis ; nous y conduisîmes l'ambassadeur Herrick. Le même jour, nous le conduisîmes rue Saint-Maur, au magasin de gros des coopératives, où se trouvait un atelier de femmes travaillant pour l'intendance ; l'ambassadeur fut très frappé par l'inscription mise au mur de l'atelier : « Travailler pour l'armée, c'est travailler pour la liberté du monde. »

Je n'ai pas la prétention de raconter ici la guerre : je me borne aux incidents typiques auxquels j'ai assisté personnellement. Je recevais des visites d'Alsaciens qui s'engageaient. Je vis d'abord Woelffel, du Klingenthal, qui avait pris du service dans l'infanterie. Puis arriva mon neveu Martin, de Strasbourg, qui, étant en Angleterre au moment de la déclaration de guerre, avait d'abord été traité comme

Allemand et mis dans un camp de concentration, où il y avait des Alsaciens et
des Boches. Un jour il y eut même dans
le camp une véritable bataille entre les
Alsaciens et les Boches ; les Anglais fini-
rent par relâcher les Alsaciens, qui venaient s'engager dans l'armée française.
Mon neveu s'engagea dans l'artillerie où
il fit toute la campagne. Il m'a raconté
que, bien plus tard, quand il était en
batterie du côté d'Amiens, lors de la
grande offensive allemande, il avait, dans
le moment le plus critique, vu arriver les
réservistes français qui criaient en avan-
çant : « Ce sont les pépères qui vont
sauver la France. » Je vis souvent en
permission un autre annexé, Lorrain
celui-là, un professeur nommé Rederger
qui s'était engagé dans les zouaves.

Comme les Allemands fusillaient les annexés qu'ils prenaient sous l'uniforme français, on changeait les noms qui avaient une consonance germanique ou on envoyait les annexés se battre en Afrique contre les Arabes insurgés. C'est ainsi que Woelffel dut changer de nom et que Rederger prit garnison à Constantine où il y avait tout un bataillon de zouaves composé d'Alsaciens et de Lorrains. Les pauvres garçons étaient souvent malheureux : comme plusieurs d'entre eux savaient à peine le français, des gens ignorants les traitaient de boches ; au début, l'autorité militaire avait donné aux zouaves, en Algérie, des sous-officiers allemands pris dans la légion étrangère ; Rederger m'a même raconté qu'un de ces sous-officiers, un Prussien qui, pour des raisons personnelles, s'était engagé dans la légion, reprochait aux annexés d'avoir abandonné la patrie allemande ; le scandale prit fin après une réclamation adressée au colonel.

Les idées d'union, l'élimination de toute préoccupation politique prenaient partout le dessus. Parmi les misères nées de la guerre, se trouvaient en première ligne les misères des enfants dont les pères avaient été tués à l'ennemi et qu'on appelait les *orphelins de la guerre*. Ces misères attiraient en toute première ligne l'attention des pouvoirs publics. Aussi l'Orphelinat des armées avait obtenu de faire, en juin 1915, une journée pour les orphelins qu'il secourait. Mais les autres œuvres qui s'occupaient des orphelins de la guerre, demandèrent

au gouvernement d'avoir leur part dans le
bénéfice de la journée, et, par suite, dans
les appels faits au public : elles furent sou-
tenues par la commission d'hygiène et de
propagande sociale de la Chambre. Le
ministre de l'Intérieur convoqua dans son
cabinet, six jours avant la journée, une
réunion des représentants des principaux
groupements et tous acceptèrent la pro-
position suivante : on demanderait au
Comité du Secours national de prendre
la présidence d'un Comité d'entente qui
comprendrait des représentants du Secours national, de l'Orphelinat des armées, des orphelinats confessionnels et
des orphelinats corporatifs et mutualistes.
Le Secours national, réuni en séance
extraordinaire deux jours après, accepta ;
le Comité d'entente fut constitué ; des affi-

ches furent apposées, et la journée eut lieu au jour fixé. Les fonds recueillis furent répartis par le Comité d'entente, devenu Comité de répartition, suivant les méthodes du Secours national. Ce Comité fut autorisé plus tard à faire d'autres journées, et, en attendant que la loi sur les pupilles de la nation fût votée, le parlement lui confia la répartition des fonds d'État.

Ce qui, au début, compromettait le succès des Français, c'était le manque de liaison entre l'armée combattante et les milieux scientifiques. Dès le commencement de la guerre, l'Académie des Sciences avait créé des commissions spéciales pour aider à la défense nationale, à savoir:

1° Mécanique (y compris l'aviation);

2° Télégraphie sans fil;

3° Radiographie;

4° Chimie (y compris les explosifs);

5° Médecine, chirurgie, hygiène;

6° Alimentation.

Les professeurs, les chefs de travaux, les préparateurs des universités et des grandes écoles, les ingénieurs chimistes, les ingénieurs électriciens, etc., rivalisaient de zèle et d'activité. La France eut ainsi peu à peu la liaison qui aurait dû être organisée avant la guerre, liaison qui existait à un degré supérieur chez nos ennemis. On peut dire aujourd'hui que notre victoire, due surtout à la valeur des troupes et à la supériorité du commandement, a été due aussi à la collaboration scientifique. Il a été heureux, pour nous, que le grand état-major allemand ait eu un certain préjugé contre les méthodes des laboratoires : c'est à cela que nous

avons dû 'un premier essai avec les gaz
nocifs et non une attaque en grand qui
aurait pu réussir ; nous fûmes ainsi avertis
à temps que les Allemands foulaient aux
pieds la convention de La Haye. Je dois
rappeler à ce sujet que j'ai fait partie de
la commission des inventions pour la
défense nationale, depuis l'époque où le
général Mercier était ministre de la
Guerre ; on présentait de temps en temps
à la commission certaines inventions de
gaz nocifs ; mais, chaque fois, le président
de la commission s'opposait à l'examen
de l'invention, « contraire à la convention
de La Haye ».

La guerre allait en s'industrialisant :
les machines de toutes sortes et les produits chimiques jouaient un rôle de plus
en plus grand. Au premier rang des ma-

chines se trouvaient les sous-marins : la guerre sous-marine a commencé dès les débuts de la guerre; mais là aussi les Allemands commirent, à leur point de vue, la même faute que pour les gaz : ils firent des tentatives qui permirent aux alliés de prévoir et de mesurer le danger; et quand l'amirauté allemande décida la guerre sous-marine sans merci, il était trop tard. Les effets de la guerre des gaz furent terribles, mais ils purent être arrêtés à temps, grâce à la science et au travail de nos chimistes. Par contre, la proclamation de guerre sous-marine à outrance fut une provocation directe aux États-Unis. Après les admirables messages du président Wilson, les États-Unis entrèrent en guerre à nos côtés, non par intérêt personnel, non par esprit de domination et

de conquête, mais par amour du Droit et
de la Liberté, fait vraiment nouveau dans
l'histoire de la Terre, qui indique que la
grande guerre est bien la fin d'une époque
et le commencement d'un monde nouveau.

Les ingénieurs allemands avaient construit un canon monstrueux tirant à cent
kilomètres, pour bombarder Paris et obtenir un résultat moral. Le bombardement
commença en mars 1918. Le peuple de
Paris ne se laissa pas intimider. Le canon
fut surnommé la *grosse Bertha*; il fit de
nombreuses victimes, mais n'obtint d'autre résultat que d'ajouter à l'odieux des
procédés allemands. Les premiers officiers d'artillerie que je vis à ce sujet se
montrèrent sceptiques ; il fallut se rendre
à l'évidence. La construction d'un gros
canon de ce genre est une question d'ar-

gent : il est évident qu'avec des fonds
suffisants, on pourrait envoyer un projectile dans la lune. Le mouvement du
boulet de la Bertha pouvait s'étudier par
les méthodes de la mécanique céleste; le
boulet était lancé assez haut pour que la
raréfaction de l'air diminuât la résistance.
Les premiers projectiles tombèrent surtout du côté de l'Observatoire, car le
canon était pointé d'après les coordonnées
géographiques de Paris, qui sont celles
de l'Observatoire. Le directeur disait en
riant : « C'est moi qu'on vise. » Peu à
peu l'usure du canon rendit le tir plus fan-
taisiste. Un projectile tomba sur le lycée
Louis-le-Grand ; il arriva jusqu'au sol
sans éclater. La succession des trous
dans les plafonds successifs permit de
déterminer, avec une certaine précision,

l'angle de chute. Un autre projectile tomba rue Saint-Jacques, entre le lycée et la Sorbonne. Néanmoins, le dimanche 24 mars 1918, une manifestation solennelle, organisée d'accord avec *L'Effort de la France et de ses Alliés* réunissait dans le grand amphithéâtre de la Sorbonne, directement exposé au tir, les représentants de tous les ordres d'activité féminine, afin d'affirmer la foi inébranlable des Françaises dans la victoire finale. Cette manifestation, qui eut lieu le second jour du bombardement par la grosse Bertha, se déroula pendant que les éclatements se faisaient entendre de quart d'heure en quart d'heure. Etaient présentes : les déléguées des Croix-Rouges, les déléguées de nombreuses sociétés d'assistance aux femmes, aux enfants,

aux jeunes filles, aux mutilés, aux malades, etc., les représentantes des pro-
fessions libérales, des services de l'assistance publique, les déléguées des employées de commerce, des employées des
postes et télégraphes, des employées de
chemins de fer, de tramways, d'autobus
et de métro, etc. La manifestation était
présidée par M. Viviani, assisté de
M. Emile Boutroux; il y avait là entre
autres le bâtonnier Henri-Robert, le
recteur Poincaré. Dans sa simplicité
crâne et très française, cette manifestation fut un des plus émouvants témoi-
gnages de l'enthousiasme patriotique et
du courage tranquille des Françaises. A
cause de la perturbation des moyens de
transport causée par le bombardement,
des délégations vinrent à pied de très

loin. Aucun projectile ne tomba sur la Sorbonne ; mais les Allemands tirant au hasard devaient faire forcément des victimes innocentes. Le vendredi saint, notamment, ils frappèrent l'église Saint-Gervais pleine de monde. Un autre jour, le projectile tomba sur une maternité.

Toutes les précautions étaient prises dans les écoles ; les examens eurent lieu de préférence dans les étages inférieurs ; les leçons de mathématiques qui se donnent habituellement au haut du bâtiment de la Sorbonne furent faites au rez-de-chaussée ; les auditeurs venaient régulièrement. Au mois de juillet 1918, je dus présider les examens d'agrégation de mathématiques des jeunes filles, qui avaient lieu au lycée Fénelon, dont les ouvertures au Nord étaient bouchées par des sacs de terre. Les candidates n'eurent pas la moindre défaillance ; un projectile tomba dans le voisinage immédiat pendant une leçon ; la jeune fille qui était au tableau ne parut même pas s'en apercevoir.

Je n'ai pas à raconter ici la révolution russe, le transfert des armées ennemies du front russe sur le nôtre, le dernier effort de Ludendorff, l'arrivée des Américains, la réalisation de l'unité de commandement, la campagne finale de Foch. Il y eut dans nos milieux un moment de grave inquiétude, lors de la dernière avance des Allemands sur la Marne : on quittait Paris ; les gares étaient de nouveau encombrées. A la Faculté des Sciences, nous tenions les objets précieux prêts pour un déménagement. Tout cela fut heureusement inutile : l'armée alle-

mande dut reculer vaincue. Le gouvernement d'alors, trompé par les Allemands
qui lui faisaient peur du bolchevisme,
conclut un armistice, leur permettant de
s'en aller avec leurs armes; ils purent
ainsi rentrer chez eux le fusil sur l'épaule,
quelquefois avec des branches vertes
dans le canon, déclarant qu'ils n'avaient
pas été vaincus. Des Luxembourgeois
m'ont dit leur étonnement d'avoir vu un
corps d'armée repasser ainsi par leur pays,
que les Allemands avaient si cruellement
envahi quatre ans auparavant. Il est bien
malheureux à cet égard que les hostilités
aient été arrêtées huit jours trop tôt et
que les armées allemande, autrichienne
et hongroise aient ainsi échappé à un
désastre inévitable. Nous autres Alsaciens,
qui connaissons les Allemands de longue

date, aurions voulu que leur défaite fût
consommée avec éclat et que la Prusse
fût séparée de l'Allemagne. Il fut stipulé
que les Allemands rendraient toute leur
artillerie lourde ; ont-ils rendu la grosse
Bertha? je n'en ai jamais entendu parler.

L'Alsace redevenait française ; le but
de ma vie entière était atteint ; mais un
sentiment de tristesse, venant de l'insuf-
fisance du traité de paix, m'oppressait.
J'eus à ce moment à faire le cours d'analyse de l'École centrale à une promotion
de jeunes gens revenant du front, à une
promotion de ces braves qui avaient sauvé
le pays et dont beaucoup étaient blessés
ou mutilés; ils avaient tous le même
sentiment de tristesse : guerre mal finie.
Encore, à ce moment-là, croyait-on au
châtiment des coupables !

CHAPITRE XVI

L'ALSACE FRANÇAISE

Le traité de paix rendait à la France les trois départements qui lui avaient été pris en 1871 : il rétablissait ainsi le cours de la justice violée depuis quarante-sept ans, depuis que les trois départements avaient exprimé régulièrement leur volonté de rester français. Certaines personnes demandaient un plébiscite, comme si le vote de 1871 pouvait être prescrit. D'ailleurs où, en 1918, étaient les vrais Alsaciens ! Fallait-il faire voter ceux qui étaient en Algérie où tant de nos compatriotes sont allés après 1871 ? Fallait-il faire voter leurs enfants ? Fallait-il faire voter les familles de ceux qui, comme moi, avaient quitté leur petite patrie pour se marier en France ? Fallait-il faire voter ceux qui étaient morts au service de la France, dans la légion étrangère, au Tonkin, au Maroc ? ceux qui, pour ne pas être Allemands, s'étaient faits Suisses, Belges, Hollandais, Anglais ! D'un autre côté, pouvait-on faire voter les Allemands immigrés, les fils d'immigrés, les fonctionnaires allemands, tous ces faux Alsaciens que les gens du pays vomissaient avec dégoût, comme les produits méprisés d'une période d'oppression ? Un plébiscite était impossible ou inique ; on ne saurait admettre que, dans notre civilisation moderne, la violence constitue à la longue un droit, et que les fils des oppresseurs essaient de cueillir les fruits de l'oppression.

Sans parler de l'Allemagne et en prenant uniquement le point de vue alsacien, le traité fut mal fait ; les Alsaciens qui avaient tant souffert, qui avaient perdu toutes leurs libertés, auraient voulu que le vainqueur fît sentir sa force aux immigrés : parmi ceux-ci, un certain nombre avaient épousé des Alsaciennes que nous regardions tous comme ayant trahi la France. Les gens qui firent le traité, ne connaissant rien à notre pays, insérèrent une clause d'après laquelle ces Allemands devenaient Français, amenés en quelque sorte par leurs femmes ; les Alsaciennes ayant épousé des Suisses ou des Belges, ne pouvaient devenir Françaises que par la naturalisation du mari.

Après la signature de la paix, je fus envoyé en décembre 1918, par le ministre de l'Instruction publique, comme président d'une commission de professeurs de l'Université de Paris, chargée d'un rapport sur l'état de l'Université de Strasbourg. Nous constatâmes que, en dehors des services médicaux qui sont en partie municipaux, l'Université était déchue de sa première splendeur. L'Institut de physique, notamment, n'était plus du tout au courant de la physique moderne ; le directeur s'était laissé vivre, préoccupé surtout d'agrandir son logement dans l'Institut ; la commission releva jusqu'à trois entrées successives, empiétant de plus en plus sur les salles destinées aux laboratoires. Nous trouvâmes aussi, ce qui montre la naïveté des Allemands, un musée Gobineau, Français que les Allemands exaltaient parce que, disaient-ils, il avait établi la supériorité de la race germanique.

Je croyais devenir fou en voyant le drapeau tricolore français sur notre vieille cathédrale ; on me montra le grand drapeau noir, blanc et rouge de l'empire allemand, qui devait être hissé sur la cathédrale le jour de la « victoire définitive allemande » et que les Allemands abandonnèrent dans leur retraite précipitée.

Tandis que les Allemands obligeaient les Alsaciens à pavoiser sur le passage de l'empereur, les Alsaciens empêchèrent les Allemands immigrés de sortir des drapeaux français lors de l'entrée de Gouraud, puis de Poincaré ; c'est ce que j'ai entendu, de mes propres oreilles, d'un homme chez qui je demeurais. Le peuple allait sur la route de Kehl voir partir les Allemands expulsés ; on se moquait d'eux : voyait-on un Allemand s'en aller avec un gros ballot, les gens du peuple lui criaient : « Tu emportes plus que tu n'as apporté. » Si, au contraire, l'Allemand avait seulement un petit paquet, on lui disait : « Au moins toi, tu t'en vas comme tu es venu. » Le nombre des expulsés était d'ailleurs faible et les Français péchèrent par excès de bonté : les gens de ma vieille rue des Tonneliers vinrent me dire qu'ils étaient outrés parce qu'on avait laissé, dans la rue, un commerçant allemand qui les avait menacés pendant la guerre et qui, disaient-ils, pavoisait avant la cathédrale pour chaque victoire allemande. J'écrivis au préfet pour lui demander d'ouvrir une enquête ; l'enquête confirma les faits et l'Allemand disparut.

En 1919 eut lieu l'inauguration de l'Université française de Strasbourg ; la cérémonie fut magnifique, d'un goût parfait, bien français ; les universités étrangères, les universités françaises, l'Institut de France étaient officiellement représentés.

A Pâques 1919, je pus retourner au Klingenthal. Notre petite maison était bien délabrée : elle avait été mise sous séquestre, et, en dernier lieu, les Allemands y avaient logé vingt-cinq soldats hongrois et un officier ; ces soldats avaient, comme le font tous les troupiers, pris des couvertures, des habits, des souliers, brûlé quelques chaises et quelques tables. Un jour que l'ancienne domestique de mon frère était allée au Klingenthal, elle les trouva en train de nettoyer leurs fusils ; elle leur dit : « Vous allez tuer beaucoup de Français ». « Nous, dirent-ils, jamais ; les Prussiens nous appellent à leur secours ; ils nous ont même donné de leurs officiers ; nous ne nous battrons pas pour eux. » Le vieux garde de l'Eichwald me racontait ses émotions de la bataille de Grendelbruch au début de la guerre ; il me décrivait la famine terrible qui frappait tout le pays dans les derniers jours ; il me disait avoir vu des régiments entiers de soldats allemands arrivant au campement, se jeter sur des champs de betteraves et les nettoyer en un clin d'œil.

Que faudra-t-il que l'humanité souffre encore pour créer les organes de relations entre les peuples, de façon à permettre à chacun d'eux de développer son génie par le travail, dans la paix, sans opprimer son voisin ?

A cet égard, encore, le traité de paix est mal fait : il a laissé subsister trop des anciennes méthodes diplomatiques ; heureusement qu'il a créé la Société des Nations, dont l'autorité grandit chaque jour, et qui arrivera, par la force des choses, à être, en quelque sorte, la conscience de l'Humanité.

Il est douloureux de penser qu'en 1922, au moment où j'écris, l'Alsace n'est pas encore française ; elle est restée avec la dénomination administrative d'Alsace-Lorraine, sous un régime spécial ; elle a un haut commissaire de la République remplaçant le stathalter ; elle pos-

sède des lois spéciales et des impôts
spéciaux ; l'administration parle couram-
ment du cadre français et du cadre
indigène. Cependant l'Alsace-Lorraine
n'est pas l'Algérie, et les habitants ne sont
pas des Arabes. Il faut assurément un
régime transitoire : mais ce régime doit
porter en lui-même son amortissement.
Les Alsaciens-Lorrains, autrefois annexés, voudraient être traités comme tous
les Français. Nous pensions, après la
guerre, que la centralisation impériale de
la France diminuerait, qu'une certaine
administration provinciale naîtrait, qu'il
y aurait une Bretagne, une Franche-
Comté, une Bourgogne, etc... comme
une Alsace et une Lorraine ; le Parlement et le gouvernement ont eu quatre
ans pour réfléchir : ils n'ont rien changé

à l'administration française ; dès lors, les Alsaciens demandent à être traités comme les autres : ils ne veulent être ni des Français de première classe, ni des Français de seconde classe ; ils veulent être des Français tout court. Il faudrait autant que possible reconstituer le pays comme avant 1871, où il était la France purement et simplement, avec ses qualités et ses défauts.

On peut dire d'ailleurs que le régime actuel a été un peu trop improvisé par le gouvernement de Clemenceau. Je ne crois pas qu'on ait tenu un compte suffisant du travail préparatoire des commissions qui avaient travaillé pendant la guerre ; commission du régime financier d'Alsace-Lorraine, commission de l'enseignement, etc. Je suis naturellement au courant de ce qui s'est fait à la commission de l'enseignement. Nous nous étions réunis plusieurs fois, sous la présidence de Lucien Poincaré, notre recteur d'alors ; la commission s'était divisée en trois sous-commissions, correspondant aux trois ordres d'enseignement ; chacune avait fait un rapport discuté et adopté en séance plénière. Mais ces rapports ne paraissent pas avoir servi au gouvernement après la guerre ; pour l'enseignement supérieur j'en suis certain ; pour l'enseignement secondaire et primaire, je sais que le gouvernement a envoyé en 1918 des hommes éminents en Alsace, en leur donnant comme unique instruction d'agir « avec leur cœur et leur âme de Français ». C'était beau, mais insuffisant du point de vue pratique. Tout cela s'ar-

rangera forcément : le régime exception-
nel du haut-commissariat prendra fin ;
il n'y aura plus aucune différence entre
les trois départements d'Alsace-Lorraine
et les autres départements français. Mais
il convient de se hâter : déjà les Allemands
disent que la France ne peut pas assimiler
le pays d'empire ; quelques autonomistes,
Allemands hypocrites, relèvent la tête ;
d'anciens étudiants allemands de Strasbourg, fils d'oppresseurs nés en Alsace,
essaient de tromper les Américains en se
donnant à eux-mêmes le mandat de parler
au nom d'un pays que leurs parents ont
tyrannisé et qui les a rejetés avec mépris.

Une autre question qu'un Alsacien doit
aborder avec courage est celle des pupilles de la Nation. Mon avis est que la
loi sur les pupilles de la Nation doit être

étendue aux nouveaux départements et qu'on devrait déclarer pupilles de la Nation française, les orphelins de ceux qui seraient Français maintenant s'ils avaient vécu, qu'ils soient tombés dans les rangs allemands ou dans les nôtres. Les annexés, enrôlés dans l'armée allemande par le jeu régulier des lois que le pays a dû subir après 1871, se sont battus en bons soldats ; ils avaient l'amour de la France au cœur. La ville de Rosheim, dans le Bas-Rhin, a élevé à ceux de ses enfants qui sont morts dans la grande guerre, un monument symbolique ; sur le socle se trouvent les noms des morts par ordre alphabétique ; un soldat français occupe le haut du bas-relief ; mais au-dessous un enfant de Rosheim, en uniforme allemand, entr'ouvre sa tunique et montre sur son cœur la cocarde française. La mesure serait d'ailleurs politique au premier chef, plus encore que la valorisation du mark. Tout homme de cœur réservera sa colère aux rares Alsaciens, venus en France pendant la guerre, qui n'ont servi ni d'un côté ni de l'autre, qui auraient dû s'engager dans l'armée française et qui, patriotes en paroles, ont attendu, à l'abri, la victoire.

La France s'est montrée partout modérée et juste ; elle a fait reculer ses troupes pour éviter la guerre au début ; dans la paix, elle s'est bornée à reprendre son bien d'avant 1871 ; elle n'a même pas revendiqué le bassin de la Sarre, patrie du maréchal Ney ; *a fortiori*, elle n'a pas annexé la rive gauche du Rhin,

ne voulant pas s'exposer à voir des protestataires Rhénans refaire la protestation
des Alsaciens en 1871.

Et maintenant il faut songer à l'avenir,
à la Société des Nations, à l'organisation
de la paix. L'Humanité ne veut plus de
guerre ; jusqu'ici les gens qui l'ont déclarée ont échappé au châtiment : mais les
peuples ne toléreront pas qu'un groupe
quelconque déchaînât la guerre. Les progrès de la science rendent la Société des
Nations possible ; bien plus, ils la rendent
nécessaire.

La planète se rapetisse de jour en
jour ; les voies de communication sont
raccourcies par des canaux et des tun-
nels ; la vitesse possible des trains et des
paquebots augmente ; la télégraphie per-
met aux informations de faire en quel-

ques secondes le tour du globe ; l'aviation ajoute la conquête de l'air à celle de la terre et de l'eau ; le développement du machinisme modifie profondément les conditions du travail humain, en donnant aux plus humbles les loisirs nécessaires pour développer leur intelligence et élever leur sens moral. L'humanité prend conscience d'elle-même ; le règne du droit peut s'établir entre les divers pays du monde, comme il s'est établi autrefois entre les provinces qui constituent notre France.

Mais je vais plus loin ; la Société des Nations est devenue une nécessité. Deux voies, en effet, s'ouvrent devant l'humanité : l'établissement d'un droit nouveau ou l'anéantissement et le suicide. La guerre qui vient de se terminer a coûté dix millions de vies humaines et a détruit

pour longtemps les richesses accumulées
par le travail des hommes : elle laisse
derrière elle un cortège de douleurs, de
misères, de dépressions morales qui met-
tent la civilisation en péril. Avec l'expérience maintenant acquise, les moyens
de destruction progressent à pas de géant :
les sous-marins, les avions de bombardement, les canons à longue portée, les
mitrailleuses à tir rapide, les explosifs,
les gaz asphyxiants se perfectionnent de
jour en jour.

Une nouvelle guerre entre les grandes
nations tuerait cent millions d'hommes,
détruirait en quelques heures les plus puis-
santes cités, anéantirait la vie de pays entiers ; elle laisserait après elle des peuples
sans idéal moral, ne croyant qu'à la force
et retournant à la barbarie inorganisée.

Il est inexact de dire que la science unit les peuples. La science est indifférente, comme les lois de la nature qu'elle a pour but de découvrir. Elle vaut ce que vaut l'être moral qui l'emploie. C'est à l'humanité de choisir ; veut-elle faire de la science l'instrument de son propre anéantissement ou celui du progrès de la civilisation ? Son choix n'est pas douteux.

Pasteur a dit, il y a trente-deux-ans : « Je crois invinciblement que la science et la paix triompheront de l'ignorance et de la guerre. » On peut ajouter aujourd'hui : Nous croyons invinciblement que la science, au service du droit et de l'humanité, triomphera de la science au service de la force et de la destruction.

TABLE DES MATIÈRES

CHARTRES. — IMPRIMERIE DURAND, RUE FULBERT.

www.ingramcontent.com/pod-product-compliance
Lightning Source LLC
LaVergne TN
LVHW010929180726
843502LV00004B/899